# LA
# MÉDIUMNITÉ SPIRITE

DE

## GEORGES AUBERT

EXPOSÉE PAR LUI-MÊME

AVEC

LES EXPÉRIENCES FAITES SUR LUI

PAR LES SAVANTS DE L'INSTITUT GÉNÉRAL PSYCHOLOGIQUE

de Février à Mai 1905

PARIS (IX<sup>e</sup>)

*LIBRAIRIE FRANÇAISE*

H. DARAGON, ÉDITEUR

10, RUE FROMENTIN, 10

—

1920.

Prix : 3 fr.

# LA MÉDIUMNITÉ SPIRITE

## DE Georges AUBERT

# LA MÉDIUMNITÉ SPIRITE

DE

## GEORGES AUBERT

EXPOSÉE PAR LUI-MÊME

AVEC

LES EXPÉRIENCES FAITES SUR LUI

PAR LES SAVANTS DE L'INSTITUT GÉNÉRAL PSYCHOLOGIQUE

de Février à Mai 1905

PARIS (IXᵉ)

*LIBRAIRIE FRANÇAISE*

H. DARAGON, ÉDITEUR

10, RUE FROMENTIN, 10

———

1920

Prix : 3 fr.

## A Madame veuve C. B..., de Liège

Quels motifs, quelles raisons me décident à jeter sur ces feuillets, l'histoire de ma médiumnité?

Combien de lecteurs y verront un besoin de réclame, lequel est cependant bien loin de ma pensée?

Depuis déjà longtemps, devant le charlatanisme éhonté de certains, devant les attaques sans fin de ceux qui ne connaissent du spiritisme que le nom, devant l'indifférence presqu'absolue du monde savant, devant, enfin, l'incompréhension complète des phénomènes par la majorité, depuis déjà longtemps, dis-je, je pensais à publier tout ce j'ai vu se produire, aussi bien par mon intermédiaire que par celui des médiums que j'ai connus.

Mais les exigences de la vie, le travail de chaque jour, avaient constamment nui à l'exécution de mon projet.

Il a fallu une lettre pour me décider et, chère Madame, cette lettre est la vôtre.

Puisse ma modeste contribution à l'édifice moral que nous voulons construire, au but philosophique que nous poursuivons, faire réfléchir beaucoup d'esprits et aider à transformer la majorité dont je parlais tout à l'heure, en infime minorité.

Quoiqu'il advienne, croyez-moi reconnaissant de l'effort que vous provoquez.

C'est donc à vous que j'offre cette histoire, à laquelle, je l'espère, je saurai vous intéresser.

Paris, le 15 Février 1914.

GEORGES AUBERT.

# AVANT-PROPOS

Sous quels yeux va tomber ce petit livre?
Cette question vraiment m'intrigue.

Quelqu'un d'averti, connaissant déjà les phénomènes spirites, ne sera pas étonné de ce qu'il va lire ; mais, le lecteur ne sachant rien, novice en quelque sorte, que pensera-t-il ?

Je ne peux vraiment, dans cette brochure, expliquer ce qu'est le spiritisme, un médium, etc.

La librairie est là, riche en ouvrages instructifs à ce sujet, et que malheureusement, celui qui passe ne pense jamais à acheter.

Et combien, cependant, il serait utile, à ceux que ces questions peuvent intéresser, de s'instruire sur les expériences déjà faites, les phénomènes déjà obtenus, et surtout de se rendre compte de la belle morale et si consolante philosophie qui découle de l'examen des manifestations spirites.

Car, enfin, mettons de côté les esprits légers qu'aucune étude n'attire ; il reste, tout de même, une certaine quantité de chercheurs, qui, il me semble, pourraient fort bien exercer leur sagacité dans cet ordre d'idées.

Je tiens néanmoins, sans rentrer dans une étude approfondie de la question, à dire quelques mots à l'usage de ceux qui ont déjà tenté d'obtenir quelques phénomènes et n'ont jamais eu que des mécomptes.

*Tout d'abord, comme condition essentielle, il ne faut jamais prendre cette question en riant.*

Il arrive souvent, en effet, que le soir, après un bon dîner, un convive doué de certains talents de société s'écrie : « Tiens, on va s'amuser, on va faire tourner la table ! »

Immédiatement, jeunes gens, jeunes filles, se mettent autour d'un guéridon et tout en riant, appliquent les mains sur le meuble.

Qu'arrive-t-il ? Ici, deux cas se présentent.

1° Ou bien, tous les assistants expérimentent sérieusement, c'est-à-dire, sans pousser la table, ni chercher, en quelque sorte, à fausser le phénomène possible. Néanmoins, ils sont

peu disposés à faire une expérience de quelque valeur, car ils causent, rient de se voir ainsi autour de la table. Que se produit-il alors?
Rien de bien.

Si un médium est parmi eux, la table se meut, mais, sans aucune direction intelligente, et si, par hasard, ces légers expérimentateurs obtiennent une réponse à leurs questions, ils n'entendent que des absurdités et même des grossièretés.

2° Ou bien, il existe parmi les assistants, un bon farceur qui s'amuse aux dépens de tous.

Que voulez-vous, dans ces conditions, que retirent de telles expériences les personnes, jeunes ou âgées, qui ont voulu voir tourner la table?

Rien de bon, bien certainement, mais au contraire, une moquerie indéracinable et dont rien ne pourra les faire revenir.

Si ces mêmes personnes, en laissant bien entendu de côté le cas de l'existence d'un farceur, avaient voulu se réunir, en silence, autour de la table, et sérieusemnt, en désirant que la table tourne, non pas rien que pour les mouvements à obtenir, mais bien pour avoir des réponses claires, sérieuses, intelligentes de

la part de l'au-delà, je suis certain que le phénomène, au lieu de se dérouler d'une façon
quelconque, aurait pu présenter des choses
intéressantes.

En tous les cas, les grossièretés sont ainsi
éludées la plupart du temps.

Je terminerai en donnant le conseil de
toujours se mettre sous la protection d'un
esprit sérieux, de façon à éviter les *Lemice-
Terrieux de l'au-delà.*

*Il faut en effet savoir que* TOUTE PERSONNE
DÉSINCARNÉE EMPORTE DE L'AUTRE CÔTÉ SA PER-
SONNALITÉ PROPRE ET QUE, BLAGUEUR, GROSSIER
SUR TERRE RESTE ENCORE LONGTEMPS BLAGUEUR,
GROSSIER DANS LE MONDE DES ESPRITS.

Maintenant, une grande qualité à posséder,
quand on veut, chez soi, chercher à obtenir
des manifestations : C'EST LA PERSÉVÉRANCE.

Vous verrez plus loin, combien cette persévérance est essentielle quand vous saurez qu'il
faut quelquefois plusieurs mois d'essais, avant
d'avoir des manifestations convenables.

Vous le comprendrez en apprenant que la
faculté médianimique ne se dévoile souvent
pas d'un seul coup, mais bien à la suite d'un
entraînement sérieux, absolument comme le

coureur s'entraîne, comme presque tout d'ailleurs dans la vie n'est qu'entraînement.

J'espère qu'avec ces modestes conseils de médium sur la persévérance qu'il faut appliquer aux expériences et le côté sérieux par lequel il faut les considérer, quelques uns pourront obtenir quelques résultats, chez eux, en famille, ce qui, pour la plupart, vaut mieux que n'importe quelle manifestation observée chez des étrangers.

Deux mots maintenant, sur les différentes sortes de médiumnités.

On peut dire que les formes de médiumnités sont extrêmement nombreuses et même, que chaque forme est pour ainsi dire spéciale à chaque médium.

Quoiqu'il en soit, on peut les diviser en :

1° *Médiumnités à effets physiques animiques ou spirites.* (Mouvements de table, coups frappés ou typtologie, transport d'objets et lévitation) avec ou sans contact ;

2° *Médiumnités automatiques et sans inspiration.* (Ecriture, dessin, peinture, sculpture, musique) ;

3° *Médiumnités supérieures.* (Matérialisations, voyance, incarnation, médiums guérisseurs).

Cette courte classification que j'ai cherché à rendre la plus claire possible, commence dans chaque genre par les facultés médianimiques les plus courantes et se termine par celles exigeant une grande dépense fluidique.

Il est en effet certain que les médiums à mouvements de table sont beaucoup plus nombreux que ceux produisant les phénomènes de lévitation sans contact des mains.

Quant au troisième groupe, si je les appelle médiumnités supérieures, cela tient à l'énorme dépense fluidique qui les caractérise.

Vous pouvez voir, par ce petit exposé, à combien de sortes de phénomènes, les manifestations spirites peuvent donner lieu.

Pour terminer cet avant-propos, je fais un souhait. C'est que tous mes lecteurs s'exercent patiemment et le plus fréquemment possible, afin de se rendre compte de la véracité des phénomènes et pouvoir, par cela même, augmenter le nombre de ceux qui seront capables de répandre la connaissance de ces si belles et consolantes manifestations.

*<br>* *

.Je vais maintenant prendre le taureau par les cornes et commencer le récit de tout ce qui m'est arrivé.

J'ai divisé cette histoire en Trois Epoques, correspondant chacune à une période distincte de ma vie médianimique.

La première a trait aux recherches primitives et à mon initiation.

La seconde est celle où je n'obtins que des manifestations physiques.

La troisième, enfin, est l'exposé de ma médiumnité musicale, avec la description des expériences décisives faites à Paris, à l'*Institut général psychologique*, 14, Rue de Condé.

# CHAPITRE PREMIER

---

## PREMIÈRE ÉPOQUE

Je fais cadrer cette période entre mon enfance et le premier mouvement de table que je vis se produire par mon intermédiaire.

Je ne vais pas entrer dans une description à n'en plus finir de ce que j'ai fait, du jeune âge au commencement de nos expériences. Ce serait par trop fastidieux et inutile. Qu'il vous suffise de savoir que comme beaucoup, je suis allé au Lycée et qu'après avoir passé mon baccalauréat ès sciences, je suis entré dans une de nos grandes écoles pour en sortir nanti d'un diplôme en 1896.

Cependant, avant mon baccalauréat, c'est à dire en 1887, mon père fit la connaissance de Monsieur Emile T..., avocat près la cour d'appel de Paris. Comme j'éprouvais quelques difficultés à me pénétrer du programe de l'examen qu'il me fallait passer, Emile T... se proposa à me servir de professeur.

Je quittai le Lycée et c'est lui, Emile T... qui de la fin de l'année 1888 jusqu'en février 1890, mè fut non-seulement un avisé précepteur, mais encore un ami véritable. C'est à lui que je dus de posséder une méthode de travail, ce qui me permit de passer mon baccalauréat à la session de mars 1891.

Cette méthode de travail me fut d'un grand secours, car Emile T... fut obligé de partir de France en février 1890 pour s'en aller, comme vice-consul à la Havane.

Son séjour dans l'île de Cuba ne devait pas être de longue durée. En effet, une attaque de fièvre jaune, en juillet de la même année, le ravit à l'affection des siens et à la nôtre.

Ce fut un grand, très grand chagrin pour nous que la mort de cet ami dévoué.

Que de bons et charmants instants nous avions passés ensemble!

Très intelligent, très érudit, musicien hors ligne (il était élève de Francis Thomé), lui et mon père restaient quelquefois fort tard, soit à causer, soit à faire de la musique.

Ce dernier art était fort en honneur à la maison. Mon père était lauréat de chant du Conservatoire de Paris et ma mère premier prix de chant des Conservatoires de Lille et Paris.

Donc la vie de mon père s'était écoulée dans le monde musical. Il était resté 7 ans comme premier ténor léger au Théâtre de la Monnaie de Bruxelles.

J'ai donc eu cette partie de mon existence bercée, en vérité, par la musique.

Mais c'est là où se bornent les études que j'ai faites de cet art. A part le solfège ordinaire appris par moi comme par beaucoup d'enfants, et les premiers principes de piano me permettant de jouer d'une façon ordinaire, les études, que je poursuivais alors, me prenaient bien trop de temps, pour que je pus m'adonner à un instrument quelconque. Avant tout, il me fallait entrer à l'école que j'avais en vue, puis en sortir pour gagner ma vie.

*<br>* *

Je reviens à la grande peine que nous avions éprouvée à la suite de la mort d'Emile T...

Mon père s'en consolait peu et pensait constamment à Emile, comme il l'appelait.

Il en parlait fort souvent à son ami M. E. David, sous-directeur des teintures à la manufacture des Gobelins lequel, comme nous, avait fort bien connu Emile T...

Un beau jour M. David, comme agacé des constantes récriminations de mon père, lui dit : « Mais, mon vieux, tu pleures Emile tout le temps. Sais-tu qu'il n'est peut-être pas aussi mort que tu crois! »

—Quelle bonne histoire me racontes-tu là, répondit mon père.

— Mais l'exacte vérité, répartit M. David. Voyons, as-tu déjà entendu parler de spiritisme ?

A cette demande, mon père répondit qu'effectivement il avait déjà eu l'occasion d'agiter cette question avec des amis, mais qu'au fond, il n'avait jamais attaché d'importance à toutes ces histoires de l'autre monde, et que vraiment, il ne les considérait pas comme sérieuses.

« Ecoute, lui dit M. David, si tu veux voir quelque chose, viens donc dimanche prochain à la maison. Ma mère est médium et peut-être pourrons-nous avoir une communication d'Emile T... »

— Entendu, lui répondit mon père, à dimanche prochain.

En rentrant à la maison, mon père nous rapporta cette conversation, et je me rappelle fort bien l'effet qu'elle nous produisit à ma mère et à moi.

Une bruyante hilarité en accueillit la narration.

Néanmoins, à titre de curiosité, nous décidâmes de nous rendre tous les trois, mon père, ma mère et moi, au rendez-vous fixé au dimanche.

Je me souviens de l'impression que me fit cette pauvre Madame David mère, quand je la vis pour la première fois.

Prévenu qu'elle était médium, je la regardais curieusement ; à son allure (elle était petite, âgée et très ridée), je crus voir une sorte de pythonisse.

Ah ! si quelqu'un, à ce moment, m'avait dit que c'était grâce à cette visite première que je deviendrais médium, j'aurais bien ri.

* *
*

Après les présentations d'usage, M. David demanda à mon père s'il se rendait compte de ce qu'il allait voir.

— « Ma foi, non, dit mon père.

— « Eh bien, reprit M. David, nous allons demander à Emile T... de bien vouloir venir nous causer. »

Ce que je riais sous cape!.....

Pour obtenir cette conversation d'outre-tombe, nous nous installâmes autour de la table ronde de la salle à manger et apposâmes les mains, bien à plat, sur le meuble.

Après quelques instants, voilà ce dernier qui tourne sur lui-même, de droite, de gauche; puis des coups, très distincts, se font entendre en son milieu.

Une fois passé le premier mouvement de surprise bien compréhensible de notre part, mon père, ma mère et moi nous nous regardâmes instinctivement. Cependant, sur l'invitation de M. David, nous assurant qu'il n'y avait aucun truc caché, ni aucune sorte de machine électrique communiquant avec la table, nous inspectâmes attentivement le meuble. Les pieds, le dessous, le plancher même, tout y passa et nous ne vîmes absolument rien. Bref, après quelques moments, M. David demanda à l'esprit qu'il prétendait être là de dire son nom.

« Emile T... » nous fut-il répondu.

Et, par lettres alphabétiques successivement énoncées, une phrase, puis une autre, une communication entière, enfin, nous fut donnée. Elle était parfaitement dans le style qu'avait coutume, de son vivant, d'employer notre ami !!

*
* *

Après cette première séance, nous rentrâmes à la maison en devisant sur ce que nous venions de voir et, ma foi, nous étions loin d'être convaincus.

C'était d'ailleurs bien rationnel ; (il est préférable, dans cet ordre d'idées, d'être sceptique au début ; de cette façon, on étudie bien mieux et avec le plus grand sang-froid, les phénomènes que l'on remarque).

Le dimanche suivant, et bien d'autres ensuite, furent employés à des séances avec M<sup>me</sup> David comme médium. Nous pûmes parler, non seulement avec Emile T..., mais encore avec beaucoup de nos parents disparus. Des preuves d'identité, nettes, sans doute possible, nous furent données et malgré tout notre réserve restait grande.

Cependant, tant par des livres prêtés par M. David que par des volumes qu'il avait achetés, mon père, par leur lecture, commençait à s'initier, en même temps que nous, sur la morale et la philosophie spirites. En résumé, au bout de quelques mois, renseignés sur presque tout ce que l'on pouvait voir dans ce genre de faits par les récits d'Allan Kardec, William Crookes, Léon Denis, Gabriel Delanne, Gibier, colonel de Rochas etc... nous en étions encore au même point, c'est-à-dire aux séances chez M. David. Et ma foi, nous souhaitâmes d'obtenir quelque chose à la maison, entre nous, mon père, ma mère, ma grand'-mère et moi.

Donc, un certain soir, nous nous mîmes tous les quatre autour de la table, dans notre salle à manger.

Et... au bout de *trois heures de vaine attente*, nous décidâmes, vu l'heure tardive, d'aller nous reposer.

Mais, *breton*, mon père voulut avoir le dernier mot ; c'est alors que nous nous soumîmes à un travail de persévérance que je peux qualifier de rare.

Ce fut en effet, pendant *trois mois, tous les soirs, pendant deux heures*, que nous cherchâmes a obtenir un résultat.

Ce fut aussi, pendant *trois mois, tous les soirs pendant deux heures*, que nous restâmes immobiles devant un bloc de bois inerte, sans la moindre velléité de mouvement.

Vraiment, c'était à désespérer et je vous avouerai que personnellement, je commençais à en avoir assez. Vous figurez vous un jeune homme de dix-hùit ans avec cette patience ?

Eh bien, je l'ai eue, et la suite vous prouvera que j'ai eu raison.

Voyant l'inanité de nos efforts, je murmurais fortement et avec l'ignorance où j'étais des conditions qui régissent les phénomènes spirites, je trouvais que, du moment où nous n'obtenions aucun fait chez nous mais beaucoup chez M. David, c'est que c'était peu sérieux et que, certainement, il devait y avoir un truc (sic) que nous n'avions pas su déceler et dont Madame David se servait.

Dans ce doute, je cherchais par quel moyen on pourrait confondre M. David et un beau jour je crus avoir trouvé.

C'est par ces mots que je m'en ouvris à mon père :

« Pour voir si ce qui se passe chez M. David est vrai, voici ce que je propose :

« Nous allons simuler une fausse séance.

« Supposons qu'Emile T.... est enfin venu « nous dire quelques mots ; eh bien nous lais- « serons la communication, en suspens et « dimanche prochain, chez M. David, nous « demanderons la suite ».

Nous voici tout aussitôt à l'ouvrage. Nous bâtissons, de toutes pièces, une conversation avec demandes et réponses et.... nous nous arrêtons au beau milieu d'une phrase.

Il est évident que si le dimanche suivant, chez M. David, la fin de la communication nous avait été donnée, c'en était fait de notre croyance. Voyez-vous un monsieur terminer un discours qu'il n'a jamais commencé ?

Ah ! nous aurions été fixés et cette pauvre Madame David aurait été bien jugée !!

Après ce chef-d'œuvre, ce traquenard bien tendu, mon père, pris d'un remords, voulut encore essayer d'obtenir si peu que ce soit, et nous nous remîmes autour de la table.

Et c'est alors qu'au bout de deux ou trois minutes, comme un ressort qui se détend, la table se mit à tourner avec une violence inouïe, renversant les chaises, nous bousculant, en ayant l'air de nous dire : « Vous en vouliez, mes amis, eh bien, en voilà ».

**
* *

La première époque de mon récit se termine ici.

Vous avez pu voir avec quelle ténacité nous nous étions acharnés autour du meuble. C'est la raison qui me faisait vous dire dans mon avant-propos que la persévérance est une qualité maîtresse dans l'étude des phénomènes spirites.

En tous les cas, je crois le conseil excellent, puisque c'est grâce à cette qualité de mon père que nous avons eu le bonheur d'obtenir tout ce que vous allez lire.

# CHAPITRE II

---

## DEUXIÈME ÉPOQUE

Ce premier mouvement !....

Rien ne peut vous dépeindre la surprise mêlée de bonheur, de joie véritable, qui nous envahit tous à cet instant.

Pensez que, depuis trois mois, nous étions là devant ce meuble inerte et que, tout à coup, comme sous l'influence d'une puissance inouïe, ce meuble devenait pour ainsi dire vivant et intelligent !

Après quelques minutes employées à se ressaisir, mon père demanda le nom de l'esprit qui se manifestait avec tant de force.

— « Emile T..., nous fut-il répondu. »

Ainsi, c'était notre vieil ami qui, dans le

home familial, ouvrait l'ère des manifestations.

Naturellement, nous le remerciâmes de son effort fluidique, et mon père lui demanda quel était le médium qui, parmi nous, permettait cette manifestation.

— C'est Georges, répondit Emile T....

C'était moi le médium ! moi, qui quelques instants auparavant, voulais chercher à prouver que toutes ces histoires-là n'étaient que fraudes ou hallucinations.

Avouez que la réponse de l'au-delà n'était pas banale !

*<br>* *

A dater de ce jour, c'est-à-dire vers le commencement de 1891, commença pour nous et notre entourage la plus belle suite de manifestations que l'on puisse décrire.

Tout d'abord, pendant les premières séances nous n'eûmes que des mouvements rotatifs de la table. Nous étions convenus avec Emile T.... que lorsqu'il ferait tourner le meuble dans le sens des aiguilles d'une montre, cela voudrait dire *oui*, et que la rotation contraire signifierait *non*.

Pour obtenir une communication, mon père

énonçait les lettres de l'alphabet, une à une et lentement. Lorsque la lettre, entrant dans la composition du mot, était appelée, la table tournait dans le sens de oui. Si par hasard cette lettre était dépassée, c'était non qui était indiqué.

Par ce moyen et pendant longtemps, nous pûmes converser avec Emile T....

Puis, peu à peu, sur notre demande, il fit venir tous les esprits de nos parents et amis désincarnés, et ce fut alors un grand bonheur pour nous de causer avec tous, comme s'ils avaient encore été là, en chair et en os.

Je puis dire qu'à quelques rares exceptions près, nos séances furent toujours excellentes, conduites, surveillées qu'elles furent par notre ami Emile T.... Celui-ci s'évertuait à éloigner de nous les mauvais esprits, grossiers ou simplement légers. C'était en un mot notre *guide*.

*<br>* *

Au bout d'un certain nombre de séances, nous eûmes des coups frappés dans le corps même de la table. Par ce moyen nous pûmes converser beaucoup plus rapidement.

Il était frappé un seul coup pour *oui*, deux coups pour *non*.

Deux mois s'écoulèrent environ de cette manière et nous étions, ma foi, très heureux de ce que nous voyions, lorsqu'un soir, il nous est dit d'éteindre la lampe. Aussitôt demandé, aussitôt fait et nous voilà dans la plus profonde obscurité.

Tout à coup, dans le silence de la nuit, nous entendons très nettement, sur le buffet qui se trouvait à une distance de un mètre cinquante derrière moi, *un objet qui remuait.* Quelques secondes après c'était un bruit de chute sur la table. Que se passait-il donc ? A ce moment, plusieurs coups étant frappés, mon père allume et nous voyons...

Devant nous, au milieu du meuble d'expérience, était le paquet de tabac que mon père avait laissé sur le buffet avant de commencer la séance !...

Nous venions ainsi d'assister à un transport d'objet !

Il devait nous en arriver bien d'autres !... Dans ce genre de faits, je ne puis me rappeler l'ordre exact dans lequel il nous fut donné d'en constater. C'est donc au hasard que je vous citerai les principaux.

## Transports d'objets.

LE TIMBRE. — Ma mère avait, pour appeler la domestique, un timbre qui était ordinairement posé sur la cheminée de la pièce. Un beau soir, nous fûmes tout surpris d'entendre ce timbre sonner au-dessus de nos têtes. Après quelques résonnances très intenses, ce petit appareil se mit brusquement à tourner d'un mouvement très rapide en dehors du cercle que nous formions et cela sans arrêter de sonner. Ce phénomène auquel nous assistâmes plusieurs fois durait environ deux minutes ; par conséquent le temps ne nous manquait pas pour bien nous rendre compte de ce qui survenait, malgré l'obscurité de la pièce.

LA BOULETTE DE PAPIER. — Devant toutes ces manifestations, mon père ne doutait plus de rien et au lieu d'attendre les phénomènes que les amis voulaient bien nous donner, il leur demandait de produire telle ou telle chose.

C'est ainsi qu'un jour, il manifesta le désir de voir une boulette de papier projetée au nez d'un de nous. Au bout de quelques minutes, nous entendîmes un froissement de papier sur le buffet et comme nous écoutions, ma mère s'écria: «Ah! je viens de recevoir la boulette sur le nez! »

Ceci peut paraître risible à première vue. Cependant, je dois faire remarquer la difficulté qu'il y a, *en pleine obscurité*, à lancer une boulette de papier si exactement qu'elle tombe juste sur le nez d'un assistant. D'ailleurs, nous essayâmes nous-même, à titre d'expérience, et si nous arrivions quelquefois à atteindre la tête jamais nous ne pûmes réussir à toucher telle ou telle partie du visage, *désignée d'avance*.

Les verres, les bouteilles, la carafe. — Peu à peu, les phénomènes devinrent plus extraordinaires. Un certain soir, comme nous étions dans la plus complète obscurité nous perçûmes le bruit spécial que les portes de la partie inférieure du buffet faisaient en s'ouvrant. Ensuite, distinctement, nous entendîmes qu'un objet glissait sur une des tablettes intérieures, et comme pour le paquet de tabac dont j'ai parlé plus haut, ce bruit de glissade se renouvella sur la table quelques secondes après. Quatre fois de suite ce bruit se fit entendre. Cependant, l'esprit ne nous disant pas d'allumer, nous attendîmes. Brusquement, du milieu, puis du haut du buffet nous parvint encore le même frottement, avec la même terminaison : la glissade finale sur la table.

Je vous assure que nous nous demandions anxieusement ce qui se passait.

A ce moment, sur la prière de l'esprit, la lampe fut allumée et que se présenta-t-il à nos regards étonnés?

*Devant chacun de nous, un verre était posé!*

*Au milieu de la table se trouvaient une bouteille de Rhum et une carafe pleine d'eau!*

Cette manifestation nous remplit d'admiration, mais ce n'était pas tout. Voyez ce que nos amis de l'au-delà firent à une autre séance, avec les mêmes objets.

Tous ces verres, cette bouteille et cette carafe étant un soir transportés à nouveau du buffet sur la table, nous attendions dans l'obscurité, lorsque tout à coup, se fit entendre un son particulier, comparable à celui que fait une bouteille de Champagne dont le bouchon saute. Il nous fut dit, par communication écrite donnée plus tard, que ce récipient avait été débouché au moyen de la compression de l'air contenu dans la bouteille, c'est ce procédé qui avait provoqué l'échappement du bouchon.

Ensuite, par deux fois, nous distinguâmes un bruit tremblotant comme résultant du choc entre un verre et la bouteille puis, oh surprise ! le bruit d'un liquide versé dans un des verres.

Lorsque fut terminé ce que l'esprit voulait faire il nous demanda d'allumer au moyen habituellement mis en usage entre nous c'est-à-dire de nombreux coups frappés successivement.

Par quelle étrange chose nos regards furent ils alors attirés ?

*Un verre était rempli d'un mélange de Rhum et d'eau, mais, si exactement, que par le ménisque formé, ou se rendait parfaitement compte, qu'une goutte ajoutée au liquide l'aurait immédiatement fait déborder.*

Mais pourquoi ce liquide versé dans un verre et surtout pourquoi ce verre si exactement plein ?

L'explication en fut simple.

Si, *dans l'obscurité*, le verre n'avait été

rempli que d'une façon quelconque l'expérience n'aurait rien prouvé. Mais, *dans l'obscurité*, emplir un verre au point qu'il ne puisse plus contenir une seule goutte en surplus est chose impossible.

D'ailleurs, comme pour la boulette de papier, mon père et moi nous voulûmes tenter l'expérience et jamais nous n'avons pu réussir. Ou bien, il n'y avait pas assez de liquide, ou bien ce dernier débordait.

Mouvements entremêlés d'objets. — Une autre fois, *toujours dans l'obscurité*, de nombreux objets qui, dans la salle, se trouvaient de différents côtés, furent transportés sur la table. Sur celle-ci se voyaient à la fois, des verres, des bouteilles, des carafes, des tasses à café, le timbre dont j'ai déjà parlé et beaucoup d'autres ustensiles dont je ne me souviens pas exactement.

Quoiqu'il en soit, après avoir constaté la présence de tous ces objets, nous entendîmes le plus grand charivari qui, dans ces conditions, se puisse percevoir.

Tout ce qui était sur la table se mit à glisser, à tourner à toute vitesse et *sans un seul choc*. Or, il n'y avait pas 30 centimètres de distance entre les différentes choses apportées.

Mais pourquoi ce phénomène et ce bruit.

Comme dans le cas précédant l'explication en fut très simple.

Si, *dans l'obscurité*, tous ces objets, en remuant, s'étaient entrechoqués il n'y aurait rien eu de prouvé ; mais, le fait que des verres, bouteilles, carafes, tasses à café, etc.., se trouvent animés d'un rapide mouvement général et que, *dans l'obscurité*, il n'y ait *aucun heurt, aucun choc*, ceci est encore un fait impossible à réaliser par des vivants.

Deux verres payèrent de leur vie l'expérience que mon père et moi voulûmes tenter dans ce sens.

Voilà exposés les principaux apports d'objets que nous eûmes le bonheur d'obtenir.

Je vais passer à une autre genre de manifestations.

Ce sont les différents Coups ou Bruits que nos amis nous donnèrent d'entendre.


## Coups et Bruits

Indépendamment des coups frappés ordinaires, nous en entendîmes de toutes sortes.

Je vais essayer de vous en faire une description aussi claire que possible.

Je considèrerai tout d'abord ce qu'on appelle les *coups rythmés*. C'est une expérience fréquente.

On peut obtenir une suite de coups dont le rythme concorde avec celui d'une chanson, d'une marche, de la Marseillaise, ceci est courant. Mais ce qui caractérisa ceux que nous entendîmes ce fut la complication suivante.

Plusieurs esprits parvinrent à se manifester ensemble avec chacun des coups, *de sons différents*.

Par exemple, l'un se faisait reconnaître par un son sec, l'autre par un son métallique, un troisième par un mou, assez analogue à celui produit par le choc de la pulpe du doigt sur du bois.

Eh bien, lorsque nous demandions le rythme d'un air, chacun des esprits présents le frappait non pas séparément mais bien en même temps que les deux autres, c'est-à-dire que la première note se composait de la succession rapide des trois bruits, la seconde de même et ainsi de suite. On aurait dit que chaque coup se composait d'un léger roulement dont chaque battement correspondait à un son différent. C'était vraiment intéressant. Le maximum de bruits particuliers fut de cinq *émis ensemble.*

*<br>* *

Une manifestation se rattachant à la fois aux apports et aux bruits fut très attrayante. Elle eut lieu dans l'obscurité.

Mon père, fumeur, se servait pour nettoyer ses pipes de clous de fer à cheval. Tout le monde sait que ces clous sont en fer doux, par conséquent, dénués de toute élasticité et à plus forte raison incapables de donner lieu à aucune sorte de son musical. Un de ces clous se trouvait dans un vide poche, sur le buffet de la salle.

Or, un certain soir, nous entendîmes sur la table de véritables coups de marteau. Puis, après un silence assez prolongé, un son cristallin vint frapper nos oreilles. C'était un son musical analogue à celui rendu par un verre de cristal, mais beaucoup plus long. Nous nous demandions par quel artifice nos amis réussissaient à produire ce joli son. Nous en eûmes rapidement l'explication.

A peine avions-nous allumé la lampe que nous vîmes, fiché dans une des rainures de la table, le clou de fer à cheval. *C'était avec cet instrument plus que primitif qu'ils avaient réussi à nous charmer les oreilles. — Ils faisaient résonner du fer doux comme la corde d'acier d'un piano !!*

***

Vint ensuite toute une série de bruits très curieux, *se produisant en dehors du cercle de la table.*

Ce fut d'abord le grincement particulier d'une scie non graissée mordant un morceau de bois, puis détail curieux, le bruit très net des deux bouts séparés tombant à terre.

Une autre fois ce fut le bruit bien spécial de la déchirure d'une pièce de soie.

Enfin comme phénomène très intéressant, mon père, sur sa demande, obtint ce qui suit.

Par un beau soir d'été, pendant lequel la lune brillait dans un ciel sans nuages, mon père pria nos amis de bien vouloir imiter sur les vitres de la fenêtre, le bruit que produirait une violente pluie d'orage accompagnée de grêle.

Après quelques instants, très nettement, nos oreilles furent frappées par le bruit extérieur d'une pluie diluvienne. C'était de véritables décharges électriques dont les carreaux de vitre auraient été le siège.

L'imitation en fut à ce point parfaite, que malgré le beau temps extérieur et malgré aussi que la manifestation se fut produite sur sa demande, mon père se leva et ouvrit la fenêtre pour se rendre compte si véritablement il n'avait pas plu.

La lune magnifique, brillante, seule lui répondit.

Dehors, aucune trace d'humidité n'existait.

## Ecriture directe.

Pour qui est au courant des phénomènes spirites, cette expérience est connue comme se présentant encore assez souvent avec les médiums à grande puissance.

La manifestation la plus simple, celle que sur le désir de mon père Emile T... nous donna, consiste à mettre sur une table une feuille de papier blanc et dessus un crayon.

Le crayon doit écrire, *seul*, la communication.

Que se passa-t-il à la maison ?

Après avoir éteint la lumière, nous attendions peut-être depuis cinq à dix minutes, lorsque le crayon commença à être agité d'un mouvement de va et vient qui se décela parfaitement dans le silence religieux que nous observions.

Au bout de quelques instants, et comme d'habitude, plusieurs coups frappés nous indiquèrent le moment d'allumer et que vîmes-nous ?

La feuille de papier portait, parfaitement écrite, et dont la forme de caractères ressemblait à celle des lettres d'Emile T..., la phrase suivante :

« Soyez heureux, chers amis ; Emile T... »

Cette manifestation ne nous fut donnée que deux ou trois fois à notre grand regret d'ailleurs.

## Lévitation.

J'ai pour terminer la nomenclature de tous ces faits, à vous citer un cas de soulèvement de table, absolument complet. C'est le seul, mais je ne puis le passer sous silence.

Nous étions réunis, une douzaine de personnes, chez Mademoiselle D..., directrice d'Ecole, et avions pris comme meuble d'expériences, une table de cuisine en bois blanc qui pesait bien certainement cinquante kilos.

Ses dimensions étaient environ de deux mètres de long sur un mètre de large. Les quatre pieds, carrés, massifs, n'avaient pas une section inférieure à dix centimètres de côté. Enfin, le plateau était fait de planches de dix centimètres d'épaisseur.

Et bien, ce meuble lourd, mastoc, devant les personnes présentes se souleva complétement de terre, à une hauteur approximative de quarante centimètres !!

*<br>* *

A cette époque, notre cercle s'était très agrandi et beaucoup de 'ces manifestations se produisirent, non pas simplement en famille mais bien devant de nombreux assistants, dont quelques-uns sont encore de ce monde.

Qu'en ont-ils retiré ?

Je puis dire peu de choses.

En effet, cette médiumnité physique que je possédais alors ne fut jamais contrôlée et, à part mon père et ma mère, n'importe qui pouvait penser que je m'amusais aux dépens des autres.

Je regrette énormément qu'à ce moment, mon père ou M. David ne se soient pas inquiétés de cette question primordiale, qui est de prouver la véracité des faits obtenus.

Mais me lamenter ne servira à rien.

Que le lecteur sous les yeux duquel tombera cette petite brochure pense ce qu'il voudra, qu'il rie même, en lisant tout ce qui précède, c'est logique. Je demande seulement qu'il aille plus loin, car, si cette forme de phénomène ne fut pas contrôlée, il n'en est pas de même de toute la troisième époque de mon existence médianimique. Pendant cette période, comme les expériences faites sur moi à l'*Institut général psychologique* ont pu démontrer que je n'étais pas un fraudeur, peut-être que par extension, la croyance aux phénomènes physiques que j'ai obtenus, entrera-t-elle dans l'esprit du lecteur.

*
* *

Pendant tout le temps employé à développer ma médiumnité physique, un autre médium s'était révélé dans notre entourage.

Mademoiselle D..., directrice d'Ecole, dont j'ai parlé plus haut, que ces questions avaient intéressé au plus haut point, voulut, à son tour, obtenir quelque chose et après de nombreux essais, réussit enfin à écrire sous l'influence de nos amis.

Ce fut à dater de ce moment un véritable plaisir pour nous, car, de difficultueuses, nos conversations avec les désincarnés devinrent extrêmement commodes.

Les communications écrites et tout automatiques de Mademoiselle D... forment plusieurs volumes. Elles ont toutes trait à la morale et à la philosophie spirites, developpées merveilleusement par les grands esprits qui vinrent se manifester par son intermédiaire. Par elle aussi, les esprits musiciens nous donnèrent l'explication d'un grand nombre des morceaux qu'ils exécutèrent avec moi.

Quant aux communications familières de nos parents ou amis, elles furent fréquentes, mais bien moins nombreuses que celles se rapportant aux choses élevées de l'esprit.

*<br>* *

Cependant, au fur et à mesure que toutes ces expériences étaient faites, le temps s'écoulait et la date de mon entrée à l'école pour laquelle je travaillais s'avançait à grands pas. Nous étions ainsi arrivés vers le mois de Juillet 1891.

C'est ici que se place le fait intérmédiaire entre la deuxième et la troisième époque de cette histoire.

Nous étions réunis, un beau soir, tranquilles et en famille, autour de la table, occupés à causer avec Emile T... lorsque, par coups frappés, celui-ci nous prévint que l'esprit de Méhul désirait nous parler.

Immédiatement, mon père commença a énoncer les lettres alphabétiques, comme à l'ordinaire ; la communication ainsi obtenue nous disait :

— Je demande que Georges se mette au piano, il jouera sous mon influence.

— Mais, comment ? s'écria mon père abasourdi, n'ayant jamais entendu parler de pareil fait.

— Comme tout le monde, reprit Méhul, les mains sur le clavier, et qu'il attende.

Interloqués, nous nous levons tous, mon père, ma mère, ma grand'mère et moi, et entrons dans le salon.

Je me dirige vers le piano dont nous avions allumé les lampes et m'installant comme l'avait dit Méhul, j'attends.

Au bout d'un quart d'heure, comme aucun phénomène ne se produisait, mon père nous dit : « Ce n'est pas possible, il doit y avoir erreur de communication, retournons dans la salle à manger. »

Nous voilà donc à nouveau autour de la table. De suite, celle-ci se remet à tourner et Méhul reproduit textuellement sa communication, en ajoutant cependant cette phrase sur laquelle je ne saurais trop appuyer : « Il faut que vous éteigniez les lampes, car les rayons lumineux forment obstacle à la manifestation ».

Vite, nous nous précipitons derechef vers le salon ; nous éteignons tout et me voilà *dans l'obscurité la plus profonde*, devant un instrument, livré complétement à l'influence de l'au-delà.

*<br>* *

C'est sur ces mots que je termine ma seconde période.

Je tiens cependant à faire remarquer de suite que l'obscurité qui fut nécessaire au début pour obtenir un morceau, ne resta de règle qu'environ un an.

Au bout de ce temps, peu à peu, la lumière fut rendue et actuellement je puis jouer au grand soleil ou, comme vous le lirez plus loin, aux vives lumières d'une salle de concert.

# CHAPITRE III

## TROISIÈME ÉPOQUE

Vous me demanderez peut-être quelles furent, à ce moment, les impressions que je ressentis ?

Je vous avouerai qu'une certaine appréhension s'était emparée de moi; et malgré tous les phénomènes physiques auxquels il m'avait été donné d'assister, une crainte vague m'envahissait.

En effet, si tout ce que j'avais vu auparavant avait été obtenu par mon intermédiaire, je n'avais éprouvé, personnellement, aucune sensation particulière. Il n'en était pas de même pour cette expérience du piano. Je me rendais compte que c'était mon organisme même qui allait entrer en jeu.

Qu'allait-il se passer ?

Mon Dieu, ce fut bien simple, quoique bizarre pour moi.

Tout à coup je sentis mes mains s'engourdir.

De plus en plus la sensation du clavier disparaissait sous mes doigts, et je fus tout surpris d'entendre résonner avec force un magnifique accord, *car je ne sentais plus du tout les touches.*

Je me rendis compte de suite que mes mains étaient absolument anesthésiées, car mes bras remuaient en suivant la suite des notes, *mais le tact manuel était aboli.*

J'étais bien heureux en comprenant que j'allais assister, en véritable auditeur, à ce concert d'un nouveau genre.

Je sentais mon cerveau complètement libre et sans avoir aucune préoccupation de fausses notes, je m'abandonnais complétement à l'influence de Méhul.

Néamnoins, cette sensation de jouer du piano, *sans sentir le clavier et sans savoir ce qui se jouait sous mes doigts,* était plutôt étrange.

Mais si j'étais heureux, la surprise, la joie surtout furent complètes pour mon père, ma mère et ma grand'mère.

*
* *

Me voilà donc médium musicien !

Quelques jours après, mon père qui était d'une extrême exigence, voulut assister à de nouveaux phénomènes physiques.

Nous nous installons donc comme d'habitude dans la salle à manger, autour de la table, et nous attendons.

Quelle stupéfaction de constater qu'aucun mouvement, aucun bruit ne survient.

Comment, après tout ce que nous avions obtenu, le meuble restait aussi inerte que pendant les trois premiers mois !

Ceci dépassait notre compréhension.

Absolument desespéré, mon père me demanda d'aller au piano.

A peine y étais je installé, qu'un de mes doigts se mit à frapper frénétiquement une des touches.

Nous ne savions trop ce que cela voulait signifier, lorsque mon père eut l'idée que l'esprit voulait causer.

La réponse ne se fit pas attendre.

Le doigt en question (ou un autre, car, dans l'obscurité, je ne pouvais me rendre compte

lequel de mes dix doigts jouait de cette façon)
frappa une note, *une seule fois*, et mon père
comprit immédiatement que la correspondance
par coups frappés allait être remplacée par la
communication par.... *note frappée.*

Il appela les lettres comme d'habitude et la
réponse que Méhul nous donna fut pour nous
extraordinaire.

L'esprit nous annonçait que *ma médiumnité
physique était abolie et que jamais plus je n'ob-
tiendrais quelque phénomène que ce soit à la
table !!*

— « Mais pourquoi ? s'écria mon père.

— « Parce que la force fluidique de Georges,
répondit Méhul, est complètement nécessaire
aux manifestations musicales dont nous voulons
le rendre interprète. Il ne faut, sous aucun
pretexte, qu'il y ait dépense par ailleurs. »

Et ce fut fini. Rien n'y fit. L'entêtement de
mon père qui, à tous prix, voulait encore voir
des faits physiques, se heurta à la volonté supérieure de nos amis les musiciens.

Il fallut se rendre à l'évidence et à dater de
ce moment, c'est à ma nouvelle médiumnité
que je m'adonnai complétement.

* *
*

C'est donc Méhul qui ouvrit l'ère de ces phénomènes musicaux et dès le début on put remarquer la netteté, la justesse et la correction de la mesure de ce qui était joué.

Quelquefois, depuis cette époque, pendant plusieurs heures de suite et sans grande fatigue je me mettais au piano deux ou trois fois par semaine.

J'avouerai, sans vouloir préjuger de la valeur musicale des morceaux ainsi produits que, loin d'être une corvée pour moi, ce m'était un véritable plaisir que de me livrer ainsi aux esprits de nos grands musiciens disparus.

Les citerai-je tous?

Je ne pourrais.

Ce qui doit être remarqué, cependant, c'est que ce furent surtout les classiques qui tinrent nos séances.

En tête Beethoven, puis Mendelssohn, Mozart, Bach, Schumann, Schubert, Méhul, Stradella, Rameau, Chopin, Liszt, Berlioz, F. David, Wagner, etc., etc..

Cette fréquence des classiques peut s'expliquer par le fait que mon père et ma mère étaient tous deux d'excellents musiciens.

On m'a dit qu'au sujet de cette fréquence ce fait ne prouvait rien, mais qu'au contraire, si le phénomène est considéré autrement que par l'hypothèse spirite, cette science musicale pouvait contribuer à expliquer certaines choses (?...)

Je ne veux, en aucune façon, prouver quoique ce soit en disant que mon père et ma mère étaient musiciens.

Qu'il me soit permis seulement, de supposer que cet état de choses favorisait le phénomène et évitait des manifestations sans suite.

D'un autre côté, l'objection est pour moi bien obscure et bien vague, lorsque l'on vient prétendre que ce fait peut contribuer à expliquer certaines choses.

Lesquelles d'abord ?

Quoiqu'il en soit, comme j'ai entendu dire que l'on supposait une suggestion même inconsciente de la part de mon père et de ma mère, que répondra-t-on lorsqu'on saura qu'ils sont actuellement morts tous deux et que, malgré cela, le phénomène continue à se produire, exactement dans les conditions employées de leur vivant. Cette objection tombe donc? D'ailleurs, à ce sujet, on verra plus loin le résultat de l'expérience tentée dans ce sens à l'*Institut général psychologique.*

De plus, comme pendant la manifestation :

1° *mes mains sont anesthésiées* et que par conséquent, *je ne puis en aucune façon les influencer dans le jeu.*

2° mon cerveau est complétement libre, *absolument étranger* au phénomène, comme il a été démontré à l'Institut précité.

Je ne m'expliquerais pas comment une influence quelconque puisse agir.

Enfin....., je ne veux pas m'éterniser sur cette question et continuons.

*<br>* *

C'est pendant treize ans, de 1891 à 1904, que ces manifestations durèrent dans notre petit cercle d'amis; mais, avant de passer à ce qu'il advint après 1904 je ne puis passer sous silence quelques faits des plus curieux, ainsi que quelques séances très intéressantes.

*<br>* *

Un jour, j'étais au piano jouant sous l'influence de Beethoven. Dans le salon se trouvaient mon père, à côté de moi, et plus loin, sur un canapé, ma mère et mademoiselle D.... le médium écrivain. Le morceau se développait magnifiquement, lorsque mon père pria ma mère et mademoiselle D.... de se taire. Distraites, elles devisaient en effet de toute autre chose que de ce qu'elles entendaient.

Au bout de quelques instants, comme elles continuaient à parler sans tenir compte de l'observation qui leur avait été faite, j'entendis les notes et les accords devenir de plus en plus chromatiques, se serrer en quelque sorte et tout à coup, brusquement, avec une violence inouïe, mes mains furent retirées du clavier.— Aussitôt, le couvercle du piano se ferma brutalement, pendant que sur la cheminée, deux candélabres en bronze se trouvaient animés de très fortes oscillations.

Mon père, pris de peur, se gara instinctivement le visage avec le bras.

Ce qui venait de se passer nous avait très fortement émotionnés, et je vous assure que ma mère et mademoiselle D.... se turent sur l'heure.

C'était bien l'affirmation d'une colère de l'esprit et une nouvelle preuve qu'il faut toujours se livrer à ces expériences avec le plus grand sérieux.

*<br>* *

Une des séances qui m'ont laissé le meilleur souvenir fut la suivante :

Un certain samedi, mon père reçut une depêche de son ami Lucien B.... qui me savait médium musicien.

Ce dernier, frère d'un des premiers chefs des Chanteurs de St-Gervais, désirait savoir s'il pourrait, le lendemain dimanche, venir déjeuner à la maison.

Mon père, quoiqu'un peu surpris lui répondit affirmativement, tout en se demandant : « Que diable peut-il bien avoir à me dire ?.... »

Le lendemain, nous partons à la gare, au-devant de Lucien B.... et que voyons-nous ? Ce même Lucien B.... portant avec soin une boîte à violoncelle.

— Que nous apportes-tu donc là ? demanda mon père.

Chut !!..... répondit Lucien B...., tu verras après déjeuner.

Véritablement intrigués, nous déjeûnons en devisant de choses et autres. Ce n'est qu'au dessert que notre invité se décide à nous dévoiler son secret.

— Voilà, mon vieux, dit-il à mon père. Voyant ton fils exécuter des morceaux de piano sous l'influence des esprits, j'ai voulu essayer moi aussi, mais sur mon violoncelle. Je suis arrivé à ce que Boccherini me fasse jouer. C'est sur son ordre que je suis ici aujourd'hui. Il m'a dit, en effet, qu'il fallait que j'exécute, avec Georges, un concert complet !!

A ces mots, notre stupeur fut grande. Il faut dire que Lucien B.... jouait du violoncelle comme moi du piano c'est-à-dire d'une façon très ordinaire.

— Comment, reprit mon père, c'est en duo que Boccherini veut que tu joues avec Georges ?

— Parfaitement, conclut Lucien B....

C'est donc presqu'en doutant de l'exactitude de la communication de Boccherini, que mon père et moi nous entrons au salon.

Je me mets au piano.

Derrière moi, me tournant le dos, Lucien B... s'installe froidement et tous deux en position nous attendons...,

Nous étions dans une lumière tamisée par d'épais rideaux, mais néanmoins, on y voyait très bien.

C'est alors que dans un silence d'attente absolu, commença une superbe sonate pour piano et violoncelle exécutée par Beethoven et Boccherini.

Elle dura une demi-heure environ.

Composée d'un Allegro, d'un Andante et d'un Presto final, elle se déroula sans à coup, sans fausses notes, sans aucune erreur, sous mes doigts et ceux de Lucien B..., et absolument comme si nous l'avions travaillée tous deux au moins pendant deux mois entiers.

Ah, quelle belle séance ! Et combien, après sa terminaison, nous avons remercié les amis de l'au-delà de nous donner un pareil concert!!

*
* *

Notre désespoir était grand de ne pouvoir conserver un seul de ces morceaux. Comme nous nous en plaignions, Beethoven prévint un jour mon père qu'il allait lui dicter une sonate, note par note, mesure par mesure.

Ce travail se fit ainsi : Beethoven jouait une

mesure entière dans le ton, le mouvement, le style qu'il désirait; puis, très lentement, tout en conservant exactement la valeur de chaque note, il la répétait jusqu'à ce que mon père ait réussi à la transcrire.

C'était d'ailleurs un treizième travail d'Hercule; car si mon père était chanteur de talent et musicien, il ne connaissait pas plus que moi l'Harmonie.

Cependant, après un labeur extrèmement long et fatiguant, il réussit à écrire toute la sonate (600 mesures environ) que Beethoven voulait que nous possédions.

Peu après, une seconde nous fut dictée.

Plus tard, ce fut Mendelssohn qui fit travailler mon père avec une romance sans paroles.

Ce fut tout.

Malheureusement, de ces morceaux auxquels je tenais tant, il ne me reste plus que l'Andante de la première Sonate.

Tout le reste est disparu à la mort de mon père, sans que j'aie jamais pu savoir ce qu'il en était advenu.

Entre temps, Monsieur E. David, que la question contrôle commençait enfin à inquiéter, désira me présenter au Docteur Luys (bien connu pour ses travaux traitant des maladies nerveuses) qui possédait une maison de santé dans la banlieue Sud de Paris.

Pour ce faire, un certain dimanche, nous prîmes M. E. David, mon père et moi, force trains et tramways.

Aussitôt arrivés, après que M. David m'eut présenté au Dr Luys, celui-ci commença à me regarder avec une certaine curiosité, puis me demanda de me mettre au piano pour lui montrer le phènomène. Mon père, au préalable, l'avait renseigné sur l'insensibilité des mains que je présentais. Au bout de dix minutes environ le Dr me pria de m'arrêter.

—Je vois ce que c'est, dit-il.

Aimait-il la musique ?....

C'est alors qu'il m'examina sous beaucoup de rapports pendant..... *une demi-heure* !

Il fut certainement convaincu d'avoir devant lui un malade. M'attirant dans un angle de son cabinet, il me regarda la gorge, y cherchant un point insensible ou hypersensible; puis le nez, les yeux, etc... Ne trouvant rien d'anormal il me posa toutes sortes de questions saugrenues.

De cet examen, aucune conclusion ne fut tirée, car observer un cas pendant une demi-heure ne suffit véritablement pas.

*<br>* *

A quelques temps de là, je fus invité à aller donner une séance chez M. le D<sup>r</sup> Dusart, spirite convaincu, en présence de M. le Colonel de Rochas.

J'étais ma foi assez ému, car je connaissais beaucoup ce dernier de réputation.

La lecture de deux de ses livres m'avait démontré quelle méthode et quel soin sont mis en œuvre par cet expérimentateur pour la recherche de la vérité.

Après un dîner où beaucoup des questions étudiées par M. de Rochas furent agitées, on me pria de me mettre devant le piano.

Le colonel de Rochas avait auparavant, posé toutes sortes d'interrogations à mon père à mon sujet et s'était renseigné, d'une façon complète, sur les particularités dont j'étais le siège pendant la manifestation, c'est-à-dire l'insensibilité des mains et l'absolue liberté cérébrale.

Je m'attendais donc à être en but à certaines expériences.

Aussi je ne fus pas étonné lorsque M. de Rochas, sans me prévenir, naturellement, me tira les cheveux assez fortement, probablement pour se rendre compte si j'étais bien à l'état de veille.

Il me pinça ensuite les mains pour juger du degré de leur insensibilité.

Enfin comme troisième épreuve, il se mit à me causer pour voir sans doute s'il était bien exact que mon cerveau ne participait pas à l'élaboration musicale.

Après la séance, il m'adressa tous ses remerciements.

Nous partîmes et ce fut tout.

Cette expérience resta sans lendemain.

*<br>* *

Je n'avais véritablement pas de chance, et je ne me voyais toujours pas contrôlé, étudié sérieusement.

Cela me chagrinait assez, car M. David ne cessait de répéter que ma médiumnité ne prouvait rien et qu'il fallait absolument un cercle de savants pour faire éclater ma bonne foi.

*<br>* *

C'est à ce moment que Monsieur Gabriel Delanne, président de la *Société française d'études des Phénomènes psychiques*, directeur de la *Revue scientifique et morale du spiritisme*, fit paraître dans cette dernière publication un entrefilet par lequel il invitait tous les médiums de bonne volonté à se faire connaître.

M. David, qui y était abonné, ne fit qu'un bond jusqu'à la maison et agitant son numéro, demanda à mon père s'il voulait qu'il écrivit pour demander un rendez-vous.

— Nous allons donc faire connaître Georges, s'écria-t-il, et aussi, par M. Delanne, arriverons-nous à des expériences sérieuses et suivies.

Enchanté, mon père lui répondit affirmativement et, par une lettre explicative, M. David demanda à M. G. Delanne de bien vouloir venir chez lui afin de m'entendre.

Ceci se passait vers le mois d'Octobre 1904.

*<br>* *

La semaine suivante, nous étions donc tous réunis chez M. David. Vers deux heures je vis arriver Monsieur Delanne accompagné de deux autres personnes Monsieur le baron de W.... et Monsieur F.... compositeur.

Une fois les présentations faites, M. David mit ces messieurs au courant du phénomène et, brièvement, leur fit part de toutes les manifestations dont il avait été témoin depuis déjà treize ans.

Après cet exposé nécessaire, je me mis comme d'habitude devant l'instrument. C'est dans le plus grand silence que plusieurs morceaux furent alors écoutés.

Monsieur G. Delanne eut l'air très intéressé de m'avoir entendu et après avoir échangé ses impressions avec M. de W.... et M. F...., il me demanda si j'étais disposé a donner une séance au siège social de la Société d'études, 57, Rue du Faubourg St-Martin.

J'accédai immédiatement à ce désir et rendez-vous fut pris pour, je crois me rappeler, le premier dimanche de novembre, à Paris.

*
* *

Nous attendions ce jour-là très impatiemment, car nous prévoyions, mon père et moi, que c'était le début de mon affirmation.

Cependant, Monsieur G. Delanne, homme scientifique par dessus tout, ne perdait pas de vue la nécessité du contrôle. Dans ce but, il avait invité à cette séance Monsieur Courtier, secrétaire général de l'Institut général psychologique et un autre membre de ce même établissement de recherches.

Il avait été convenu entre eux et lui que, si mon cas les intéressait, ils me demanderaient de bien vouloir me prête., à l'Institut, à toute une série d'expériences destinées à l'étude de ma médiumnité.

Nous voilà donc arrivés 57, rue du Faubourg Saint-Martin.

La salle était littéralement comble et je me rappelle, non sans une certaine douceur, l'émotion qui m'envahit devant tout ce public.

Qu'allait-il arriver ?

Je n'avais, en somme, jamais joué que devant un nombre restreint d'auditeurs et tout à coup, je me trouvais devant peut-être cent-cinquante ou deux cents personnes.

Mon plus grand désir était naturellement

que tout se passât comme à l'habitude. Quoique la manifestation ne me manquât jamais, j'avais néanmoins crainte que la curiosité, le doute, l'incrédulité supposés des spectateurs ne vint perturber le phénomène.

Dans le fond de la salle, sur une estrade, se trouvaient tous les administrateurs de la société entourant leur président, M. G. Delanne.

C'est sur cette petite scène que nous montâmes, mon père, M. David et moi.

Je fus alors invité à m'asseoir à côté d'un grand piano à queue, que pour la circonstance, le conseil de la société avait tenu à faire venir.

*<br>* *

La séance commença.

Monsieur Delanne fit une conférence très documentée, sur les médiumnités automatiques et peu à peu, en vint à parler de celle que je possédais.

Après m'avoir présenté ainsi au public, il me pria de me mettre au piano.

Ce fut alors une manifestation superbe que nos amis les musiciens me permirent de donner.

A la fin de chaque morceau, une fois le nom de l'auteur connu, éclataient des applaudissements nourris dont j'étais bien heureux, non pas pour mon compte personnel, car dans l'espèce, je n'ai jamais été qu'une mécanique vivante, mais bien pour la réussite de la séance que je sentais devoir entraîner quelques convictions.

Cette belle séance musicale, une fois terminée, M. Delanne informa les auditeurs que si ma médiumnité semblait très belle, il lui fallait néanmoins être consacrée et vérifiée par des savants. Aussi, il annonça que pour ce faire, je serais présenté à quelque temps de là, à l'*Institut général psychologique*, 14, rue de Condé, à Paris. J'y serais alors examiné sous tous les rapports.

C'est ainsi que se termina ma première séance publique.

** **

J'arrive enfin à la grande séance du 12 février 1905.

Donnée à l'occasion du centenaire d'Allan Kardec dans la salle du Théâtre de l'Athénée Saint-Germain, elle se composait d'une conférence de M. G. Delanne sur la vie de notre grand précurseur, puis d'une partie musicale dont je devais faire tous les frais.

Je ne veux pas m'étendre personnellement sur cette séance, mémorable pour moi ; sachez seulement que ma joie de sa réussite fut bien grande.

Voici d'ailleurs une appréciation publiée par le *Rappel*, le lendemain 14 février 1905.

Vous pouvez y remarquer une grande réserve qui était bien compréhensible, d'autant plus que c'était encore avant toute expérimentation à l'Institut psychologique que j'avais donné cette séance.

Monsieur Delanne, en me présentant, ne pouvait par conséquent s'appuyer sur aucune autorité pour expliquer le phénomène et en prouver l'exactitude.

Article du *Rappel*.

## Le centenaire d'Allan Kardec.

La Société française d'étude des phénomènes psychiques donnait, hier après-midi, dans la salle du théâtre de l'Athénée Saint-Germain, la fête commémorative du centenaire d'Allan Kardec, le fondateur de la philosophie spirite.

Sur la scène avaient pris place :

MM. G. Delanne, président, le général Fix Calmels, L. de Faget, docteur Chazarain, vice-présidents ; Boyer, secrétaire général ; Perret, secrétaire-adjoint ; Dubray, trésorier ; Mme Laffineur, trésorier adjoint ; Mmes Poulain, Borgers, MM. G. Daveau, Lamour, Boveri, Gorin, membres du conseil d'administration ; Chartier, rédacteur la *Tribune psychique*, organe de la société, etc., etc.

C'est devant une salle absolument comble que le président de la Société. M. G. Delanne, a pris la parole. En une conférence très claire, très bien ordonnée et fort chaleureuse il parla de la reconnaissance que tous les spirites doivent avoir pour Allan-Kardec, lequel, au prix de terribles luttes, créa la fameuse doctrine qui recrute chaque jour de si nombreux adeptes. Les origines furent pénibles. Raillé par les savants, anathématisé par l'Eglise, Allan Kardec appuyait pourtant ses théories sur des bases absolument scientifiques : l'observation et l'expérience. Il négligéait les dissertations métaphysiques et avait uniquement recours aux faits. C'était d'ailleurs un esprit positif qui, dès l'âge de 22 ans, était docteur en médecine et parlait couramment quatre langues.

Au triple point de vue expérimental, scientifique et philosophique, le retentissement de l'œuvre d'Allan Kardec a été énorme.

Les constatations officielles faites par la science moderne des phénomènes de télépathie et de la radio-activité des corps, la découverte des rayons X sont une reconnaissance implicite de la vérité de plusieurs affirmations d'Allan Kardec. Aujourd'hui le nombre des sociétés spirites, dans le monde entier, est incalculable. Il n'y a pas moins de 150 journaux consacrés à l'étude de l'au-delà ; et des savants tels que Lombroso en Italie et Charles Richet en France, reconnaissent l'*authenticité* de certaines démonstrations — tels que le massage des esprits par l'intermédiaire d'un médium ou l'apparition de fantômes.

La conférence de M. G. Delanne a été, on le devine, très applaudie.

Puis, M. Aubert, médium musicien, nous a permis d'assister à une très curieuse séance de spiritisme musical. M. Aubert — c'est un pseudonyme — n'a jamais appris la musique ;

des témoins dignes de foi qui ont vécu dans son intimité, l'affirment. Or il est en mesure d'improviser au piano de délicieuses mélodies, de savantes sonates, de géniales symphonies.

Comment? me direz-vous. C'est, affirme-t-on, parce que l'esprit des grands musiciens morts l'inspire à de certains moments. Suivant que ces grands musiciens s'appellent Mendelssohn, Chopin, Wagner, Beethoven, Mozart et même Métra, une force supérieure envahit M. Aubert et c'est dans un état de complète inconscience qu'il joue au piano des airs inédits dont quelques-uns sont très beaux et qui sont tout à fait dans la manière de ces compositeurs.

J'ai entendu M. Aubert. Il a improvisé de la sorte pendant une heure d'horloge, tour à tour nous charmant, nous émouvant, et sans manifester une trop grande fatigue. Cela, je le déclare, est merveilleux. Et si M. Aubert n'est pas inspiré par les esprits, il l'est, à coup sûr, par un très grand talent. — *CH. A.*

Voici toute ma vie de médium exposée jusqu'aux expériences faites à l'*Institut général psychologique.*

J'arrive donc maintenant à la partie scienti-fique, sérieuse et qui certes, n'est pas à mon avis la moins intéressante.

Lisez la bien attentivement et rendez-vous compte de la nécessité qu'il y a à contrôler chaque médium dans l'intérêt.

1° De la théorie spirite.

2° Dans le sien propre.

# CHAPITRE IV

---

## EXPÉRIENCES FAITES
### A L'INSTITUT GÉNÉRAL PSYCHOLOGIQUE
#### 14, Rue de Condé, a Paris
#### *de Février à Mai 1905*.

Je considère que ces expériences furent pour
moi capitales. J'aurais, en effet, toujours eu
beau dire que mes études musicales avaient
été très ordinaires, ce n'est pas en affirmant
simplement que je n'avais jamais appris l'harmonie, ni la composition, ni la fugue ni le
contre-point que j'aurais réussi à convaincre
mes auditeurs de la vérité, de l'exactitude du
fait.

Une des explications que j'ai entendues, la

plus fréquente, celle qui vient le plus naturellement à l'esprit est celle-ci : « Ce monsieur
« là est extraordinaire, mais c'est certaine-
« ment un musicien hors ligne et qui travaille
« au moins quatre heures par jour ; c'est un
« malin, car il choisit une porte d'à-côté pour
« faire entendre ses œuvres. »

Je répondrai que :

1° Je ne vis pas de ma médiumnité.

2° Que mes œuvres, puisqu'œuvres il y a,
seraient dans ce cas en nombre incalculable.
En effet, quiconque m'a plusieurs fois entendu
a toujours pu remarquer que jamais aucun
morceau joué n'est revenu sous mes doigts.
Je puis dire qu'à chaque fois où je me
suis livré à l'influence musicale correspond
une œuvre nouvelle. *C'est donc par centaines
d'œuvres qu'il faudrait compter ma production.*

Mais ce qu'il y aurait de plus curieux, c'est
que cette production ne correspondrait à rien
de tangible, puisqu'à part les morceaux trans-
crits par mon père et les cylindres enregistrés
à l'Institut psychologique, aucune pièce écrite
n'existe encore en édition *et cela au bout de
vingt-huit ans !*

En tous les cas je ne veux pas m'appesantir

sur ce côté de la question et entamons la description des expériences.

*
* *

Tout d'abord il faut qu'en deux mots je vous dise ce qu'est cet Institut dont je parle si souvent.

Reconnu d'utilité publique, ayant à sa tête et comprenant une grande partie de nos lumières scientifiques telles que Berthelot, Ch. Richet, d'Arsonval, E. Perrier, C. Flammarion, etc., etc., il a pour but, comme son nom l'indique, la découverte et l'étude de tous les phénomènes psychologiques.

Dans ces conditions, on doit considérer toutes les expériences faites en son sein comme portant un véritable sceau d'authenticité.

Ceci dit, quelle fut tout d'abord la pensée de ces messieurs, chargés de se livrer sur moi à toutes les recherches possibles ?

Dans l'intérêt de ces recherches même, et suivant une habitude logique et bien compréhensible, il leur fallait voir si je n'étais pas un imposteur.

Cette question était bien facile à éclaircir.

Je me prétendais insensible des mains..., c'est donc à cette particularité qu'il leur fallait s'attaquer tout d'abord.

Pour ce faire, invité à m'asseoir devant le piano, ils me demandèrent la permission de me *bander les yeux*.

En me pliant à leur désir, je me mis ensuite dans la position de tout pianiste se préparant à exécuter un morceau.

M'ayant demandé de les prévenir lorsque je sentirais survenir l'insensibilité, j'attendis alors patiemment le moment où je pus leur annoncer sa venue.

L'expérimentateur, Monsieur le Dʳ Pierron (ce fut d'ailleurs lui qui pendant ces trois mois d'expériences fut attaché à moi) me dit alors : « *Attention, Monsieur Aubert, je vais vous piquer la main gauche.* »

Aucun mouvement, de ma part, ne décela une sensibilité quelconque, puisque je ne sentis rien.

Mais je sus, après que l'expérience fut plusieurs fois renouvelée, que Monsieur Pierron avait voulu me tromper.

*En effet, en me prévenant d'une piqûre à la main gauche, il me piquait la main droite !*

*<br>* *

Vous comprendrez sans peine qu'un simulateur, portant son attention sur la main gauche, qu'on lui disait devoir être atteinte, n'aurait pu masquer un mouvement instinctif de surprise, puisque c'était la main droite qu'on lui piquait.

Je ne saurais trop appuyer sur cette tromperie, non que je la critique, car elle était nécessaire à mon sens ; mais, le grief que l'on m'a fait d'avoir une mentalité spirite (sic ! !) ne comprenant pas la nécessité des expériences, est absolument peu raisonné.

Comme je le dis, je n'ai jamais reproché à ces messieurs de l'Institut d'avoir cherché à voir en moi un simulateur. Ils ne l'auraient pas fait qu'ils eussent été dans leur tort.

Mais où certains ne voient pas ou ne veulent pas voir cette tromperie certaine, moi je la vois fort bien, comme le nez au milieu du visage. Si elle n'avait pas existé pourquoi bander les yeux ? Pourquoi ne pas simplement piquer la partie annoncée.

Allons ne nions pas l'évidence !

J'ajoute à nouveau que je sais gré à M. Pier-

.. ron et à ses coexpérimentateurs d'avoir commencé par là.

*<br>* *

L'expérience que je viens de relater était simple et classique.

Plusieurs fois dans la suite et au courant des essais elle fut renouvelée et compliquée comme suit.

Vous savez certainement que l'œil est un organe d'une extrême sensibilité et, en quelque sorte, le miroir des impressions nerveuses internes.

La peur d'une souffrance quelconque et l'existence de cette souffrance même provoque des mouvements très nets de *dilatation de la pupille*.

C'est sur ce principe que fut basé l'essai ci-après :

Une bougie allumée était approchée à dix centimètres de mes yeux, ce qui déterminait la contraction maxima de la pupille.

A ce moment, en me prévenant ou non, on me piquait l'une des mains, soit en dessous, soit en dessus. Il est évident que si j'avais été

un vulgaire fraudeur, la crainte de la piqûre
et sa sensation auraient indubitablement provoqué un mouvement de dilatation pupillaire,
lequel, si minime fut-il, aurait été facilement
décelé car l'éclairage intensif de l'organe en
facilitait singulièrement l'observation.

Dans ce cas, infailliblement, ma mauvaise
foi était démontrée, d'autant plus que ce mouvement de la pupille *est absolument indépendant de la volonté* et qu'il est impossible, à qui
que ce soit, de pouvoir contracter ou dilater
cet organe pour les besoins de la cause.

Eh bien, malgré des tentatives maintes fois
renouvelées, toutes ont été probantes pour la
démonstration de l'exactitude du fait que
j'avançais, c'est-à-dire : l'INSENSIBILITÉ DES
MAINS.

*<br>* *

J'en ai tout au moins retiré cette conclusion,
car s'il en eut été autrement, il était de toute
logique que les recherches sur ma médiumnité
eussent été immédiatement interrompues et
que j'aurais été renvoyé chez moi avec tous les
honneurs dus à un mystificateur.

C'est le contraire qui eut lieu, et je dois in-

sister sur l'inlassable patience de mes expérimentateurs (du D$^r$ Pierron en particulier) qui
n'eut d'égale que la mienne et ceci.pendant
trois mois, comme je l'ai dit plus haut.

Je les remercie, ici, de cette patience, de
cette persévérance.

Quant à la mienne, elle était logique, car
mon plus grand désir était d'arriver au but,
c'est-à-dire la preuve absolue *que j'étais bien
médium.*

** **

Une fois cette insensibilité des mains et des
avant-bras indéniablement prouvée, on passa
ensuite à l'étude de mon état physiologique.

Je dois faire remarquer, ici, que dans beaucoup de cas, presque tous nos savants (D$^r$
Luys, par exemple) ont coutume habituelle de
considérer un médium comme un malade,
un hypernerveux, un disloqué en un mot, dans
toutes ses fonctions de relations.

Il était essentiel pour M. le D$^r$ Pierron, agissant officiellement au nom de l'Institut, de
rechercher si une tare physiologique quelconque se remarquait dans mon organisme.

C'est donc ici que se place toute une série

d'expériences très intéressantes qui me captivè-
rent véritablement.

*<br>* *

### RECHERCHES SUR LA MÉMOIRE

Elles étaient essentielles. En effet, une théorie plausible pour l'explication de ma médiumnité était l'hypothèse d'une grande mémoire musicale, consciente ou inconsciente, laquelle aurait agi, dans le cas, d'une façon très supérieure.

Je répondrai de suite en affirmant, comme plus loin vous le lirez, *que mon cerveau est complètement indépendant du phénomène* et que par conséquent, *si je joue en causant, lisant ou calculant*, il est bien extraordinaire que le résultat de cette soi-disant mémoire, ne soit en aucune façon troublé et que les morceaux obtenus ne subissent d'altérations, ni dans le style, ni dans la mesure.

Voici en quoi consistèrent ces expériences.

Elles portèrent sur la mémoire visuelle, la mémoire auditive et la mémoire tactile.

*<br>* *

*Mémoire visuelle.* — Pour se rendre compte de l'acuité de cette fonction le D<sup>r</sup> Pierron employa entre autres ces deux moyens :

1° Il me demanda de tracer de mémoire, sur une feuille de papier, un trait de crayon de un centimètre de longueur, puis tournant la feuille de tirer un second trait, mais long celui-ci de dix centimètres.

Ceci exécuté, il compara ces deux traits avec les dimensions exactes d'un double décimètre et put se rendre compte que l'écart entre les lignes tracées par moi et les longueurs véritables étaient l'écart normalement fait par la grande majorité.

2° Il me donna un livre et me pria de parcourir les lignes imprimées d'une page quelconque, *très rapidement* et *sans chercher à lire*, à charge par moi de l'avertir chaque fois que le mot « de » se montrerait à mon regard.

A chaque avertissement, il traçait un trait sur un papier.

Lorsque la page fut terminée, il compta le nombre de traits, puis la quantité exacte de mot « de ».

La différence constatée était encore celle qui est couramment remarquée.

Ces deux épreuves, auxquelles je fus soumis plusieurs fois, prouvèrent donc que ma mémoire visuelle était normale.

* * *

*Mémoire auditive*. — Cette expérience consista à me rappeler le nombre exact de coups frappés par, soit un crayon sur un meuble soit tous autres objets choqués l'un contre l'autre, coups frappés à intervalles réguliers ou irréguliers, prolongés ou courts.

Cet essai réussit comme les précédents et la valeur normale de ma mémoire auditive fut démontrée.

* * *

*Mémoire tactile*. — En même temps qu'il expérimentait cette forme de la mémoire, M. le Dr Pierron en profita pour mesurer exactement le degré de sensibilité de mes mains.

Ceci était très intéressant car, lorsque je jouais, mes mains étant insensibles, il était curieux de se rendre un compte exact de ma sensibilité en dehors de toute manifestation.

Pour ce faire, il existait à l'Institut un petit appareil très ingénieux.

Figurez-vous un petit plateau de balance soutenu au point d'accrochage par une petite anse métallique.

Ce plateau était destiné à recevoir des poids de différentes valeurs, assez lourds ou très légers.

Le D<sup>r</sup> Pierron me fit asseoir contre une table et le coude appuyé sur elle, je tins sur sa demande, la main, paume en l'air, en légère surévélation (environ 20 centimètres).

Puis, LES YEUX BANDÉS, je sentis qu'il me passait autour de l'index, l'anse métallique du petit plateau.

Peu à peu, il mit, dans ce plateau, des poids dont je ne connus pas la valeur ; mais il chercha à se rendre compte, en les faisant varier de *très petites quantités*, si je percevais des différences (*sensibilité*).

Tout d'abord il fit ces différences égales, puis, après avoir soumis le doigt à toutes sortes de variations, il revenait brusquement au premier ou au deuxième poids en me demandant de lui dire à quel moment j'avais perçu ce poids, soit en premier soit en second lieu (*mémoire*).

Par mes réponses, il put juger :

1° De la finesse de ma sensibilité digitale ;

2° De la ma mémoire tactile.

Cette expérience fut naturellement faite non seulement sur l'index mais encore sur les neuf autres doigts.

Là encore il fut reconnu que j'avais une sensibilité manuelle et une mémoire tactile parfaitement normales.

*<br>* *

Des recherches sur l'acuité visuelle et la sensibilité auditive furent ensuite entreprises.

Atteint d'une légère myopie, les premières expériences fixèrent son degré.

Une arthrite rhumatismale des osselets de l'oreille gauche expliqua une certaine dureté du sens de l'ouïe.

*<br>* *

Le cœur et les poumons, chacun dans leur fonctionnement, furent sérieusement examinés.

Le D$^r$ Pierron, au moyen des appareils enregistreurs usités en pareil cas, mesura mes battements cardiaques ainsi que mon amplitude respiratoire, dans le repos absolu, puis pendant l'exécution d'un morceau.

Rien de particulier n'attira son attention et l'exagération des mouvements physiologiques, sous l'influence du jeu musculaire, fut parfaitement égale à ce qu'elle devait être.

*<br>* *

La conclusion de toutes ces expériences, qui furent très longues, comme vous devez le penser, montra *que physiologiquement, j'étais absolument normal et que je n'étais affligé d'aucune tare psychique.*

*<br>* *

Restait à démontrer *l'indépendance de mon moi,* c'est-à-dire la *complète indépendance cérébrale* que je présente lors des phénomènes.

Ces expériences, fort curieuses, sont extrêmement importantes, à mon point de vue, car elles prouvent sans conteste :

1° *Qu'aucune mémoire musicale n'intervient dans la manifestation.*

2° *Que je suis dans la complète inconscience de ce que mes mains exécutent.*

3° *Qu'il m'est impossible d'influencer le jeu, le morceau qui se déroule puisque je ne commande pas mes doigts, mes mains, de plus, étant insensibles et comme n'existant pas pour moi.*

4° *Qu'une intelligence extérieure à moi-même, agissant d'une façon absolument indépendante et complètement en dehors des assistants, est seule maîtresse de la manifestation.*

5° *Qu'enfin, si la dépendance du cerveau au phénomène avait été prouvée, c'en était fait de l'origine spirite que M. Delanne et nous, attribuions aux merveilleuses choses que nous entendions.*

****

Quatre procédés furent employés à prouver cette indépendance cérébrale et ces quatre procédés furent naturellement mis en œuvre pendant que j'exécutais des morceaux sous l'influence de l'au-delà.

Ce sont :

1° La lecture,

2° Le calcul,

3° La conversation,

4° L'audition.

Je dois dire ici, que beaucoup des morceaux qui furent donnés par mon intermédiaire, pendant les trois mois d'expérimentation, *furent enregistrés au moyen de deux phonographes Pathé*, dont les cylindres métallisés font actuellement partie de la collection de l'*Institut général psychologique*, au même titre que les moulages en plâtre des matérialisations d'esprits obtenues par le célèb e médium Eusapia Paladino.

Ces cylindres peuvent donc faire foi de la façon dont furent exécutées les différentes pièces musicales, dans les diverses conditions d'expérience dont une sténographe, placée dans la salle, à chaque séance, prenait note avec soin. Tout ce qui fut dit, toutes les conversations furent ainsi consignés.

Etant donné ces préliminaires, voici en quoi ont consisté les quatre procédés dont je parlais tout à l'heure.

La Lecture. — Un article de journal, traitant de tuberculose bovine, fut placé devant moi, sur le pupitre du piano. Monsieur le Dr Pierron me demanda alors de lire cet artiticle à haute et intelligible voix. Je n'éprouvai aucune difficulté à accéder au désir de l'expérimentateur. Plusieurs fois cet essai fut tenté. A chaque tentative je pouvais lire avec la plus grande facilité.

Eh bien, pendant ce temps, pendant que ma vue et mon cerveau étaient occupés à lire et à comprendre ce qui se présentait à mes yeux, pendant ce temps, dis-je, *la pièce musicale commencée continuait imperturbablement, sans interruption dans la justesse, la mesure le style et les nuances.*

* *

LE CALCUL. — Toujours placé dans les mêmes conditions, M. Pierron me posa plusieurs opérations à résoudre mentalement. Les quatre règles y passèrent.

Eh bien, pendant que mon cerveau travaillait, cherchait les différentes solutions des additions, soustractions, multiplications ou divisions posées, *toujours aussi merveilleusement le phénomène se déroula.*

* *

La Conversation. — Ici ce furent des conversations plus ou moins longues, plus ou moins suivies, que j'eus à soutenir avec un quelconque des auditeurs, sur n'importe quel sujet et à n'importe quel moment de l'exécution, soit prévenu, soit par surprise.

*Et toujours, pendant ce temps, l'influence musicale se manifesta dans toute sa plénitude.*

*<br>* *

L'Audition. — Cette expérience mérite toute votre attention. C'est, pour moi, l'étude décisive celle à laquelle rien n'est à reprendre et qui prouve, à elle seule, tout ce que j'ai avancé tout à l'heure.

Si par ce moyen le phénomène avait été troublé d'une façon si minime soit-elle, on aurait pu déclarer ou

1° Que j'étais de mauvaise foi et bien entraîné aux différentes embûches pouvant m'être tendues, ou bien

2° Que mon cerveau commandait, si peu que ce soit, et même inconsciemment, le phénomène.

Le résultat de l'expérience que voici fut convaincant.

Deux phonographes furent placés derrière moi, munis chacun de tubes auditifs en caoutchouc.

*Dans mon oreille droite* on devait introduire le tube auditif du phonographe droit, *dont le cylindre allait reproduire la marche des trompettes d'Aïda.*

*Dans mon oreille gauche,* on devait fixer le tube au phonographe gauche, *dont le cylindre en tournant allait me faire entendre la marche indienne de Sellénick.*

En position habituelle devant le piano, je commençai alors une sorte de barcarolle, jouée par l'esprit de Mendelsohn (je me rappelle parfaitement le genre de ce morceau, étant donné les conditions étranges dans lesquelles je me suis trouvé.)

Après quelques mesures exécutées, je sentis l'introduction DES DEUX TUBES AUDITIFS et j'entendis, à partir de cet instant, retentir dans mon cerveau le plus épouvantable concert, la plus inexprimable cacophonie qui ait jamais pu exister dans notre monde.

Mettez-vous bien à ma place et figurez-vous qu'à droite vous entendez l'éclatante fanfare d'Aïda et à gauche, la douce marche de Sellénick.

S'il vous est possible de pouvoir jouer, pendant ce temps, une improvisation au piano, vous m'étonnerez beaucoup.

*En tous les cas pendant que les influences supposées de mon cerveau étaient ainsi soumises à une si rude épreuve, la barcarolle, improvisée par Mendelsohn ne subissait aucun changement.*

Et cependant, le style de deux marches militaires n'a rien de commun avec une barcarolle.

Cette expérience, considérable par les conséquences qu'on peut en tirer fut pour ainsi dire la dernière et le couronnement de toutes celles auxquelles je fus soumis à l'*Institut psychologique.*

*<br>* *

Savez-vous. maintenant, devinez-vous les conclusions de ces messieurs de l'Institut, lesquels, pendant trois mois, m'ont retourné sur toutes les coutures, ont cherché partout le défaut de la cuirasse et ont assisté à cette séance des deux phonographes?

Savez-vous, dis-je, ce que ces messieurs ont conclu?

Non, n'est-ce pas?

Eh bien, SI MOI NON PLUS ! !

Et pourtant, cette superbe manifestation de Mendelssohn avec les deux phonographes prouve nettement, comme je le disais auparavant.

1° Qu'aucune mémoire musicale n'intervient dans la manifestation. (*La mémoire aurait été bien brouillée avec les deux phonographes.*)

2° Que je suis dans la complète inconscience de ce que mes mains exécutent.

(*Les deux phonographes se seraient bien chargé d'annihiler toute conscience.*)

3° Qu'il m'est impossible d'influencer le phénomène.

(*Les deux phonographes ne l'influençant pas eux-mêmes.*)

4° Qu'une intelligence extérieure à moi-même est seule maîtresse de la manifestation et étrangère aux auditeurs. (*Il le fallait bien qu'elle fut maîtresse du phénomène et étrangère aux auditeurs, autrement, avec les phonographes tournant ensemble, que fut-il survenu ?*)

Malgré tout cela, mes expérimentateurs, qui auraient bien pu tout au moins me faire connaître leurs déductions, ne m'ont jamais donné signe de vie ! !

J'ai bien entendu, vaguement, dire qu'ils prétendaient s'être trouvés devant un cas d'automatisme inconscient ?.......

Eh bien, c'est ce silence qui m'a toujours laissé supposer, malgré les réflexions que m'ont faites certaines personnes, que ces messieurs s'étaient trouvés bien ennuyés de mon cas et bien marris d'avoir trouvé un médium indiscutable, net, franc, dont les phénomènes produits laissent matière à graves réfléxions et non un malade ou un mystificateur duquel ils se seraient alors peut-être fait un plaisir de clamer le nom.

Je ne donne pas une interprétation défavorable sur les expériences entreprises, ni sur la manière qui était utile, mais, je le répète, ce silence peut laisser tout supposer.

# CHAPITRE V

Je dois maintenant vous faire connaître les séances très curieuses qui se passèrent tant à l'Institut que chez des personnes étrangères, pendant ou après les expériences dont la description remplit le chapitre précédent.

## I

Afin de savoir si les morceaux joués par moi étaient bien dans le style de l'auteur, on avait prié Monsieur Gailhard, alors directeur de l'Opéra, de venir assister, rue de Condé, à une de nos séances d'études. (A plusieurs séances ce fut l'archiviste de l'Opéra, qui fut présent).

Celui-ci se dérangea et voici comment il procéda.

Placé derrière moi, il inscrivait sur sa manchette gauche, le nom de l'auteur qu'il supposait présent et cela en écoutant se dérouler le morceau.

Comme l'esprit exécutant ne donne son nom, par note frappée, qu'une fois la pièce musicale terminée, il fallait bien que Monsieur Gailhard écoutât attentivement et recherchât par le style, le genre, quel pouvait bien être cet exécutant.

Je ne me souviens plus exactement quels furent les amis qui vinrent ce jour-là. Cependant, parmi les morceaux qu'il fut donné à M. Gailhard d'entendre, il me semble que ce dernier put facilement déceler trois auteurs : Beethoven, Bach et Mozart. Ce dont je suis certain, par exemple, c'est que les erreurs commises par M. Gailhard furent en très petit nombre.

## II

Beaucoup de personnes s'imaginent que dans les expériences de spiritisme, la dépendance des esprits envers les assistants est complète.

C'est là une grave erreur et les deux exemples sont véritablement typiques.

Le premier se passa entre M. le D<sup>r</sup> Pierron et Bach.

Le D<sup>r</sup> Pierron désirant entendre jouer l'esprit de ce maître de la musique, voulut, pour le faire venir, prendre un véritable ton de commandement, et employa cette phrase :

— Bach, venez nous jouer quelque chose.

Voyant que cette demande restait sans réponse, il insista dans le même sens impératif et dit :

— Bach, je veux que vous veniez jouer.

Comme précédemment aucun phénomène ne se produisit.

Se rendant peut-être compte que le procédé mis en usage était mauvais, il devint plus doux et exprima ainsi son désir.

— Bach, voulez-vous nous jouer un morceau ?

Immédiatement l'esprit manifesta sa présence et entama une de ses pièces si caractéristiques.

Coïncidence ? Non, bien certainement.

Ceci était la preuve que l'esprit de Bach, complètement indépendant, ne voulut pas céder à une injonction catégorique, mais exigeait, à son tour, que l'on employât des procédés empreints d'une plus grande urbanité.

## III

Le second exemple est tout aussi curieux.

Vers la fin des expérimentations, Monsieur Courtier, secrétaire général de l'Institut, entraîna mon père dans une salle attenante à celle où se trouvait le piano et lui demanda, pour se rendre compte si j'étais bien indépendant des volontés des assistants, de me suggérer un morceau de musique gaie, une polka par exemple.

Ce fut convenu, et entrés dans la salle d'expériences, ils concentrèrent tous deux leur pensée sur moi pour obtenir ce qu'ils voulaient.

Devinez-vous ce qu'il advint ?

Non ? eh bien au lieu d'une polka, ce fut une *marche funèbre* qui fut jouée par l'esprit de Chopin ! !

Vous voyez donc par ce dernier trait que tout d'abord *le phénomène est indépendant de toute suggestion de la part 'des auditeurs* et que, de plus, l'esprit, pour appuyer sur la preuve *qu'il est bien possesseur d'une volonté propre*, exécuta un morceau d'un genre complètement opposé au désir de Monsieur Courtier et de mon père.

J'étais naturellement tout à fait ignorant du complot et je fus bien étonné lorsque M. Courtier me mit au courant de l'essai qu'il avait tenté.

## IV

Un quatrième fait montrant bien l'indépendance et la présence des esprits est celui-ci :

Nous étions réunis, non à l'*Institut psychologique*, mais chez une personne amie de la famille.

J'y donnais une petite audition, à laquelle on avait invité Monsieur *Georges Claretie*, fils du regretté administrateur de notre Théâtre français et son ami Monsieur V... 1er violon solo d'une des grandes scènes de Paris.

Après quelques morceaux éxécutés, un autre commençait, *lorsque ce dernier fut interrompu, net, brusquement* ; après un silence d'une assez longue durée, la manifestation reprit, *mais d'un style complètement différent.*

Très étonné de cette brusque interruption, mon père demanda, après la séance, si nous pouvions connaître le nom du musicien qui nous avait quitté si extraordinairement.

*Parfaitement*, nous répondit l'esprit présent alors, *c'était Chopin*.

Savez-vous ce que Monsieur V... nous déclara ? Que ce qu'il venait de voir ne l'étonnait pas, *parce qu'il ne comprenait pas beaucoup la musique de cet auteur !*

Ainsi, très nettement, la présence de Chopin parmi nous avait été certaine, puisque en voyant cette sorte d'indifférence de M. V..., il n'avait pas voulu insister et il était parti.

<h1 style="text-align:center">V</h1>

Un phénomène extrêmement curieux et se rapprochant des expériences de Mme de W... avec les médiums Mme T... et Mlle R..., sur les correspondances croisées (conférence faite par le Docteur Geley, le 20 décembre 1913 — Imprimerie Roussel, 20, rue Gerbert, Paris) eut lieu chez Madame la Comtese P... W...

Parmi les morceaux joués ce jour là, mon

père avait été frappé par le caractère étrange
de l'un deux et dont Berlioz était l'auteur.

Revenus à la maison, mon père me demande
de me mettre au piano afin de savoir ce que
l'esprit de ce musicien avait voulu dépeindre.

— Un sabbat... nous répondit-il.

Après l'avoir remercié, nous partons.

Une dizaine de jours se passent, lorsqu'un
beau matin. nous parvient par la poste, une
lettre recommandée de la Comtesse P... W...

Qu'arrivait-il ? Tout simplement ceci.

Madame P.. W. frappée, comme mon père,
de la beauté du morceau de Berlioz, avait demandé à une dame, *médium écrivain qui n'avait
pas assisté à mon audition*, de bien vouloir
prier Berlioz d'écrire ce qu'il avait voulu jouer;
la lettre de Madame P... W... contenait une
communication du maître, transcrite à la machine à écrire, et décrivant d'une façon admi-
rable *le Sabbat* qu'il avait joué par mon intermédiaire ! !

Par quelle hypothèse expliquerez-vous ce fait?

Le médium écrivain de Mme P... W... n'as-
sistait pas à la séance de Berlioz et né me
connaissait pas !

Ce fut encore pour nous une preuve de plus,

quoique, cependant, nous n'en avions guère besoin.

*<br>* *

Tous ces détails sont presque nécessaires à relater, car, dans les expériences spirites, c'est surtout en les réunissant en un faisceau compact, et en les commentant comme il faut, qu'on arrive à se faire une conviction.

*<br>* *

Nous voici en mai 1905.

Les expériences de l'*Institut psychologique*, décisives pour nous, sont terminées.

Elles prouvent absolument que je suis un médium musicien sincère, rentrant dans la classe des médiumnités automatiques, au même titre que les médiums écrivains, peintres, dessinateurs.

C'était tout ce que nous désirions.

A dater de cette époque, je donnai plusieurs séances soit en public, soit dans le monde.

Leur descriptions (celle de la séance chez

Mme P... W... mise à part) en serait oiseuse vu leur uniformité.

J'arrive ainsi au 30 mars 1912, à une des plus belles manifestations que j'obtins et que je tiens à citer pour montrer à quelle pièce officielle elle a donné lieu.

*
* *

*Séance donnée à Liège le 30 Mars 1912 chez Madame Veuve C... B...*

Je reçus, un jour, de Liège, une lettre de M. Gabriel Delanne, par laquelle il me demandait si j'étais dans la possibilité de faire le voyage de Belgique, afin de donner une séance particulière en cette ville.

Sur ma réponse affirmative, il me fixa la date du 30 Mars.

C'est dans cette charmante localité que je fis la connaissance de Madame Veuve C... B... qui me reçut chez elle avec toute urbanité et qui est cause, par la lettre que je citais dans ma dédicace, que vous pouvez lire toute cette histoire.

6.

Donc, le samedi 30 Mars 1912, vers deux heures, les nombreuses personnes invitées par Madame Veuve C... B... arrivèrent.

Parmi elles se trouvaient plusieurs des principaux membres de Sociétés spirites belges et plusieurs musiciens de talent faisant autorité là-bas.

Je citerai entre autres.

M. *J. Lebert*, professeur de piano au Conservatoire de Liège.

M. *Bernaert*, médaille d'or du Conservatoire de Liège

M^{me} *de Nabokoff*, lauréate pour le piano du Conservatoire de Saint-Pétersbourg.

M. *L. Alexandre*, médaillé du Conservatoire de Liège.

M. *J. Van den Schilde*, secrétaire-adjoint du Conservatoire de Liége.

C'était donc devant ces musiciens qui rédigèrent le procès- verbal que vous lirez plus loin, que j'allais me livrer aux amis.

*
* *

Ce fut une séance magnifique.

Le milieu très sympathique, et bien disposé,

l'ambiance musicale, favorisèrent extraordinairement les productions des esprits musiciens.

Cette séance dura environ une heure et demie. Une fois terminée, tous ces messieurs se réunirent et établirent le Procés-verbal suivant :

## PROCÈS-VERBAL

Le 30 Mars 1912, dans une réunion tenue chez M^me Breusing à Liège, s'est fait entendre M. Georges Aubert, médium improvisateur au piano.

Parmi les auditeurs se trouvaient :

1° M. J. Lebert, professeur de piano au Conservatoire Royal de Liége qui déclare :

« La technique de M. Aubert est phénomé-
« nale ; tous les morceaux qu'il a exécuté ont
« une réelle valeur musicale ; les modulations
« étaient parfaitement amenées ; l'accompa-
« gnement était original, très varié, toujours
« harmonique.

« Je suis vraiment stupéfié de ce que j'ai
« entendu. »

(s.) J. Lebert.

2° M. A. Bernaert, médaille d'or du Conservatoire Royal de Liége, qui déclare :

« Les morceaux que j'ai entendus avaient un
« caractère marqué, bien conforme au génie
« de l'auteur, indiqué à la fin de chaque au-
« dition.

« On remarque dans le jeu de M. Aubert des
« particularités qui indiquent qu'il n'est pas
« pianiste ; cependant, le jeu est toujours cor-
« rect et il parvient, par sa virtuosité, à pro-
« duire des effets d'orchestre surprenants.

(s.) A. Bernaert.

3° M<sup>me</sup> de Nabokoff, lauréate des Conservatoires de St-Pétersbourg pour le piano et de Parme, pour le chant, qui déclare :

« J'ai toujours parfaitement reconnu le style
« de chacun des morceaux joués et surtout
« celui de Beethoven ; on pouvait retrouver
« dans la richesse du jeu les intentions instru-
« mentales destinées à un orchestre ; les effets
« de pédale sont justes, même inouïs.

« J'ai été frappée de l'immobilité de M. Au-
« bert dont les mains et les avant-bras seuls
« participent au jeu, même dans les passages
« les plus difficiles et les plus animés, néces-

« sitant de cette façon un effort physique con-
« sidérable. »

Signé : O. de Nabokoff.

4° M. L. Alexandre, médaillé du Conservatoire
Royal de Liége, qui déclare :

« Chacune des improvisations que j'ai enten-
« dues a son caractère propre qui se poursuit
« du commencement jusqu'à la fin et qui
« forme ainsi un tout parfaitement homogène.
« Je ne pourrais pas classer M. Aubert parmi
« les virtuoses du piano à cause de certaines
« imperfections techniques qui ne nuisent
« cependant jamais aux effets obtenus. »

Signé : Léon Alexandre.

5° M. J. Van den Schilde, secrétaire-adjoint
du Conservatoire Royal de Liége, qui déclare :

« Ce qui m'a le plus frappé, c'est que dans
« l'exécution de M. Aubert on reconnaît par-
« faitement quelqu'un d'inexpérimenté au
« piano ; il a un doigté qui est souvent en
« opposition avec les principes les plus élé-
« mentaires d'un pianiste, sans toutefois que
« ce défaut nuise jamais à l'exécution.

« L'expérience est remplacée par une dexté-
« rité extraordinaire.

Signé : Jean Van den Schilde.


De quoi il a été dressé procès-verbal en présence des témoins ci-après :

Signé : Gabriel DELANNE, VEUVE C. BREUSING.
CHEVALIER LE CLÉMENT DE Sᵗ MARCQ,
M. COLLIN, VANDEVELDE, AUG. HORST,
S. DARTOIS, C. DARTOIS.


Pour conformité de la copie.

CHEVALIER LE CLÉMENT DE Sᵗ MARCQ.


Quelle déduction faut-il retirer de ce procès-verbal ?

Elle est simple.

De l'assertion des auditeurs ci-dessus, nettement autorisés, il ressort que *je ne suis pas un pianiste et que malgré cela le phénomène se déroule supérieurement.*

Je ne puis donc terminer que par le C. Q. F. D. traditionnel.

*⁎*
⁎ ⁎

Je tiens ici à remercier Madame Veuve C...
B... tout d'abord de sa si cordiale hospitalité et
aussi de l'occasion qu'elle m'a procurée de
posséder une pièce signée de musiciens capables de juger la valeur des morceaux que les
esprits des musiciens disparus font entendre
par mon intermédiaire.

*<br>* *

Enfin, tout dernièrement, le 7 Décembre
1913, je fus invité à Nancy, par la Société des
Etudes psychiques de cette ville en même temps
que M. Gabriel Delanne.

Ce dernier y fit une conférence remarquable
sur les médiumnités automatiques, suivie de
l'audition musicale que l'on m'avait demandé
de donner.

Je ne veux faire aucun commentaire de cette
séance ; mais, pour les besoins de la cause,
je soumets à votre appréciation un article de
*l'Etoile de l'Est* en date du 8 Décembre rendant compte de l'impression produite. Ainsi
que l'appréciation de Madame Richert-Collin,
professeur émérite au Conservatoire de Nancy,
laquelle fut sollicitée par la Société des Etudes
psychiques.

Article de l'*Etoile de l'Est*.

## Les Conférences a Nancy.

*M. Delanne et le médium Aubert. — Un écho de l'au-delà.*

Hier dimanche, à 4 heures, eut lieu, devant une salle comble, la conférence de M. Delanne suivie de l'audition du médium Aubert.

Outre les membres de la Société d'Etudes psychiques, organisatrice de cette intéressante séance, un public nombreux, attiré par le nom bien connu du conférencier, aussi bien que par le désir de voir et d'entendre enfin un *médium*, était venu renforcer l'auditoire habituel. Cet appoint portait le nombre des assistants à plus de cinq cents.

La réunion était présidée par M. le colonel Collet, qui a fait de M. Delanne un éloge très applaudi. Ce n'était pas la première fois que le distingué propagateur du spiritisme expérimental se faisait entendre à Nancy, où son éloquence appuyée sur une conviction profonde, a laissé de sympathiques souvenirs. Aussi l'a-t-on écouté avec une attention qui ne s'est pas démentie.

Dans sa conférence, M. Delanne a insisté surtout sur le côté scientifique du spiritisme, qui n'est autre chose que l'étude raisonnée de phénomènes dont la réalité n'est pas niable. Sans doute, il a eu ses mystificateurs et ses exploiteurs, comme toutes les découvertes pouvant offrir un champ d'action au charlatanisme. Mais que peut la supercherie d'un charlatan contre les faits dûment contrôlés, dont la réalité est attestée par des hommes dont la science et l'honorabilité sont au-dessus de tout soupçon, et qui comme William Crookes, viennent dire hautement : « Je n'affirme pas que cela est possible, j'affirme que *cela est*. »

M. Delanne cite des noms et donne lecture de documents. Après une rapide classification des phénomènes spirites connus, il examine les hypothèses diverses à l'aide desquelles on a essayé de les expliquer par des causes purement physiques, et les combat successivement. En passant, il rectifie certaines erreurs, accréditées par les adversaires du spiritisme.

On a dit, par exemple, que les matérialisations constatées à la villa Carmen, où il a fait

7

la connaissance de M. Charles Richet, étaient
une supercherie imaginée par un cocher, pour
se venger d'avoir été congédié. Or, le médium
dont la présence produisait ces matérialisations n'a nullement disparu, comme on l'a
prétendu. Il est à Paris ; il a prêté le concours
de ses remarquables facultés à des expériences
nouvelles. Soumis à un contrôle minutieux,
excluant toute possibilité de fraude les même
phénomènes se sont reproduits. Il existe des
procès-verbaux de ces expériences, signés des
personnalités dignes de foi ; ils ont été réunis
en un volume, qui sera édité sous peu.

M. Delanne fait la psychologie des médiums
et indique leur rôle dans la production des
phénomènes. Doué de qualités psychiques
spéciales, ils servent d'intermédiaires aux personnalités de l'au-delà pour entrer en relations avec le monde matériel. Le conférencier
arrive ainsi à parler de M. Aubert et raconte
comment sa médiumnité se manifesta.

La famille de M. Aubert s'ocupait souvent de
spiritisme ; il avait donc eu plus d'une fois
l'occasion d'assister à des expériences de table,
où l'on enregistrait des communications spirites obtenues au moyen de coups frappés. Un

soir, une de ces communications invite M. Aubert à se mettre au piano. Il est très peu musicien et rien ne pouvait faire supposer qu'il pût intéresser un auditoire; il obéit cependant. Mais à peine ses mains eurent-elles effleuré le clavier qu'il donna des preuves d'une virtuosité extraordinaire. Le morceau qu'il improvisa inconsciemment était de toute beauté, exécuté en artiste consommé, avec une facilité de composition que, seule, une longue étude jointe à des dispositions exceptionelles auraient pu lui donner. Or, M. Aubert n'avait jamais étudié l'harmonie, jamais improvisé; il n'aurait pu jouer de mémoire aucune œuvre de cette force, et ignorait lui-même d'où lui venait la connaissance du morceau dont il avait été l'interprète purement automatique.

Du reste, l'auteur de ce morceau s'est fait connaître dans les communications spirites obtenues au cours des séances du groupe. Le nom qui lui fut donné était celui d'un de nos plus grands maîtres.

Depuis, le même fait s'est renouvelé souvent et tout récemment à Liège, où le médium-musicien s'est fait entendre en présence de plusieurs professeurs du Conservatoire de cette

ville, dont les attestations confirment les facultés inexplicables qui distinguent les improvisations de M. Aubert.

Le public est vivement intrigué par l'exposé
fait par M. Delanne, avec une clarté et une
précision qui sont la caractéristique de son
éloquence.

Pendant une courte suspension de séance
les membres du Comité se rapprochent du
piano, et M. Aubert prend place devant le clavier. C'est un homme jeune encore, élancé, à
la physionomie sympathique et régulière, l'air
sérieux, sans pose.

Après un instant de silence, un violent
accord plaqué se fait entendre, et les doigts
du médium courent sur les touches, se relèvent,
frappent, bondissent avec une souplesse et une
dextérité merveilleuses, pendant que le buste
est complètement immobile et que le visage
revêt une impassibilité étrange. On dirait
un masque de cire. Et les notes s'égrènent, se
confondent, se détachent, s'enchaînent tour à
tour en une symphonie puissante, où l'on a
parfois l'illusion de distinguer des sonorités
orchestrales.

Le pianiste est d'une virtuosité remarquable

mais le doigté est souvent irrégulier, fantasque, bien que ne décelant pas la moindre hésitation. L'avant-bras est raide, comme pétrifié. Ses mouvements, qui ont la précision de ceux d'un automate contrastent singulièrement avec la souplesse vertigineuse des doigts.

Le morceau terminé, pendant que les applaudissements éclatent, la physionomie d'Aubert se détend et le masque d'impassibilité disparaît. Mais des gouttes de sueur perlent aux tempes et l'expression trahit une légère fatigue.

Le nom du compositeur est demandé ; la réponse est donnée par le procédé spirite : les lettres de l'alphabet énoncées à haute voix, et un coup frappé lorsque se présente celle qui doit servir à constituer le mot. La réunion des lettres obtenues successivement donne ce nom : *Mendelssohn !*

L'audition est reprise et le piano — nous allions dire l'orchestre — attaque une fugue dont le thème majestueux, d'une originalité frappante, surnage sur des flots d'harmonie, pour se dessiner de plus en plus nettement à chaque changement de ton. Puis la symphonie se précipite, s'enchevêtre, semble poursuivre la phrase mélodique et l'enlacer. C'est d'un effet prodigieux. Les visages des auditeurs reflètent des impressions multiples, parmi lesquelles dominent l'étonnement et l'admiration.

Le nom donné à la fin est celui de *Bach*.

Un troisième morceau, plus remarquable encore, peut-être, est indiqué comme étant une œuvre inspirée par *Beethoven*, et un quatrième, par *Chopin*.

Tous les quatre rappellent incontestablement la manière de ces maîtres ; mais la manière seulement, car nous avons beau analyser, nous n'y retrouvons aucune réminiscence de leurs œuvres connues.

La séance commencée à quatre heures, n'a pris fin qu'à six heures et demie. Nous ne croyons pas nous tromper en disant qu'à tout le monde elle a paru trop courte.

Des remerciements sont dus à la Société d'Etudes psychiques et en particulier à M. Thomas, son dévoué secrétaire général, pour avoir révélé au public nancéien cette musique impressionnante, qui, *d'où qu'elle vienne*, est d'une incomparable beauté.

Il serait injuste de ne pas ajouter que l'excellent piano à queue qui a prêté sa sonorité

et son mécanisme impeccable au médium
artiste et à ses inspirateurs, est un *Gaveau*, et
qu'il a été fourni par la maison Dupont-Metz-
ner, de Nancy. — D.


### Appréciation de M^{me} L. Richert-Collin.

« J'avoue que c'est avec un grand scepti-
cisme que je me suis laissée entraîner par une
amie à venir écouter M. Aubert, médium musicien, présenté par M. Gabriel Delanne, les
manifestations spirites, quelles qu'elles soient
me laissant, en général, froide et incrédule.

« Je dois reconnaître que j'ai été absolument
renversée de ce que j'ai entendu ; en effet,
M. Aubert, quoique n'étant pas musicien, et,
par le fait, n'ayant jamais travaillé le piano (ce
dont on s'aperçoit, du reste, à bien des inexpé-
riences, comme celle, entre autres, de commencer une gamme par le cinquième doigt),
M. Aubert, dis-je, a une virtuosité que bien des
professionnels lui envieraient et, par moment,
on a l'impression d'ouïr une véritable symphonie, quand, par exemple, il est sous l'influence
de Beethoven. Bach lui a inspiré une fugue

dans laquelle on distinguait parfaitement le thème, les réponses, le sujet par mouvement contraire, etc. ; et, une chose qui m'a frappée entre toutes, c'est la façon tout à fait théorique avec laquelle se présentent les modulations. En un mot, l'on est sorti de cette audition absolument impressionné et forcé vraiment de penser à l'Au-delà si mystérieux et si troublant.

« L. RICHERT-COLLIN,
« *Professeur au Conservatoire de Nancy.* »

# CONCLUSION

Par ces quelques pages, j'espère vous avoir intéressé.

Des longueurs, des répétitions émaillent peut-être mon récit ; mon excuse ? Je ne suis pas un écrivain et je n'ai fait que coucher sur le papier les idées au fur et à mesure qu'elles se sont présentées sous ma plume.

Je tiens néanmoins à terminer ce petit livre par quelques remarques nécessaires.

Il faut tout d'abord que vous sachiez que j'ai conté toutes mes aventures non pas en acteur principal mais bien comme si j'avais été en cette occasion un simple spectateur ; c'est ce qui m'a conduit à interpréter les phénomènes produits et en tirer les conclusions qui me semblent logiques.

En effet, si ces Messieurs de *l'Institut géné-ral psychologique* n'ont rien dit, rien publié, je pense, cependant, que leurs expériences repré-sentent un ensemble de faits réunis absolu-ment merveilleux ; c'est pourquoi j'ai appuyé d'une façon formelle sur ces expériences et sur ce que, selon moi, elles prouvent indu-bitablement : *c'est à dire l'existence, après notre mort terrestre, d'une autre vie, laquelle, entre-vue, suffit à nous consoler bien grandement des vicissitudes d'ici-bas.*

Que prouvent-elles encore ?

Mais que dans notre vie de l'au-delà nous restons ce que nous sommes ici, car, si Beetho-ven, Wagner, Mozart, Schumann et tous nos autres grands esprits musiciens viennent se ser-vir de mon organisme pour faire entendre des œuvres vraiment posthumes celles-là, n'est-ce pas l'affirmation qu'ils ont conservé, sous leur forme fluidique, toutes les connaissances ac-quises lors de leur incarnation terrestre ?

C'est d'ailleurs pour cela, comme je le disais au commencement de cette brochure, qu'il est nécessaire de toujours se mettre sous la pro-tection de bons esprits au moment d'une expé-rimentation.

La raison en est simple.

Si les musiciens pour moi, les littérateurs, peintres, pour d'autres médiums se manifestent avec tout le talent que nous leur avons connu sur terre, par analogie, il faut comprendre que les esprits mauvais, grossiers, légers restent dans l'au-delà avec la même mentalité et qu'en conséquence, les phénomènes obtenus par eux ne peuvent être que mauvais, grossiers ou légers.

C'est pourquoi, il ne faut jamais se décourager. Je sais, par expérience, que ces esprits aiment à mystifier les expérimentateurs et c'est une des grosses raisons qui ont souvent fait dire que, des expériences spirites, on ne retirait jamais que des choses sans fondement ou des grossièretés malencontreuses.

Eh bien, si vous essayez jamais d'avoir une communication avec l'au-delà, n'hésitez pas à prier les bons esprits qui vous entourent, de chasser ces esprits mauvais ; mais souhaitez ardemment que ces derniers s'aperçoivent de la nécéssité inéluctable dans laquelle ils se trouvent de changer enfin, et d'essayer de s'améliorer moralement.

Soyez convaincu que ce n'est pas parce que la chair n'est plus que l'âme se trouve immédiatement supérieure. La supériorité ne s'acquiert dans l'au-delà, comme ici-bas, comme dans tout, que par perfectionnements successifs,

Quelle est donc la conclusion qu'il faut tirer de tout ce livre?

Je ne puis naturellement n'en émettre qu'une car, vous pensez bien qu'après toutes les manifestations auxquelles j'ai assisté, toutes les preuves indéniables que j'ai eues de l'existence d'esprits aptes à communiquer avec nous, je crie urbi et orbi.

« Oui, le spiritisme existe et n'est pas une simple prestidigitation.

« Oui, nous avons la grande consolation d'avoir la preuve sûre, certaine de la survivance de l'âme et de l'existence de Dieu. »

*
* *

Un seul désir pour moi, c'est que la lecture de cette bien petite relation vous laisse un peu perplexe et vous incite à vous rendre compte de l'exactitude des phénomènes spirites.

Quoiqu'il en soit je pense qu'il est sage, comme pour toute étude d'ailleurs, de vous instruire en cette matière et je veux vous citer les principaux ouvrages qu'il vous faut lire pour pouvoir, par la suite, expérimenter avec fruit.

OEuvres d'Allan Kardec : 1° *Le Livre des Esprits* (partie philosophique) ; 2° *Le Livre des Médiums* (partie expérimentale).

OEuvres de G. Delanne : 1° *Le spiritisme devant la science* ; 2° *L'âme est immortelle* ; 3° *Les Apparitions matérialisées des Vivants et des Morts.*

OEuvres de Léon Denis : 1° *Après la Mort* ; 2° *Dans l'Invisible* ; 3° *Christianisme-spiritisme.*

Quand vous aurez lu ces différents ouvrages vous serez versé dans la question et pourrez aborder l'étude expérimentale.

*<br>* *

Je suis depuis dix-huit mois possesseur d'un enregistreur mécanique adapté à un piano et que je dois à la bienveillance de Madame Veuve C. B. Sur cet appareil j'espère pouvoir fixer d'une façon définitive quelques pièces musicales de nos compositeurs disparus. La netteté de l'enregistreur me permettra ainsi de laisser des preuves palpables de cette musique de l'au-delà et les musiciens pourront sans m'entendre, discuter de leur valeur musicale.

*
* *

Je vous laisse ici, ami lecteur, qui avez bien voulu me suivre dans mon récit touffu et je termine par ce que je disais en commençant et en pensant à Madame Veuve C. B.

« J'espère que ma modeste contribution à
« l'édifice moral que les spirites veulent cons-
« truire, au but philosophique qu'ils poursui-
« vent fera réfléchir beaucoup d'esprits et
« aidera à transformer la majorité incrédule
« ou ignorante en infime minorité... »

G. Aubert.

IMPRIMERIE H. DARAGON — PARIS